瑞蘭國際

瑞蘭國際

日本人眼中的台灣

桃太郎哈台灣！

就是要醬吃醬玩

吉岡桃太郎——著

名人・好友熱情推薦

太一廣告（股）公司 董事總經理 **喜村俊作**

桃太郎さんとは、台湾で知り合って20年近くになります。さすが桃太郎さんですね、『桃太郎哈台湾！』には、台湾を楽しむ智慧が、随所にちりばめられていて、人も、食べ物も、建物も、イキイキと見えます。

中國文化大學推廣部 專任講師 **池畑裕介**

吉岡桃太郎、彼はなぜ何で台湾人より台湾に詳しいの？そこには台湾に対する確固たる愛があるからです。彼が取材で踏みしめたその一歩、撮った写真のその一枚、彼が話した中国語の一言、彼が書いた文字の一文字、どれもが台湾に対する愛が溢れています。この本を読めば、彼の愛が伝わるはず。そしてあなたももっと台湾好きになるでしょう。

國立政治大學日本語文學系擴大輔系 兼任講師 **郭獻尹**

一位從日本九州來的台灣女婿，憑著對台灣土地的熱愛，多年來以學校講師、雜誌記者、作家、領隊等身分活躍於台灣，博學多聞，真可謂名符其實的「台灣通」。他了解台灣、熟知台日兩地之間文化上的差異，以日本人的觀點來看「台灣」。這本讓你我更了解台灣的各種風貌、如此專業有水準的旅遊書，怎麼能錯過呢？

FB社團日本自助旅行！你也行～ 版主 **李淑菁**

看了桃太郎的書，宛如跟著他的腳步，走進台灣的大街小巷裡——或者坐在小凳子上品嚐當地小吃，或者走進大大小小廟宇點上三炷香拜拜再跟神明祈求一個平安符。在書裡不僅有日文和中文的詳細解說還有照片可對照，不只能吃到美食還能了解其文化。真是一舉兩得。

吟遊詩人 **伊斯坦大・阿里曼（イスタダアリーマン）**

對身為台灣人的我來說，或許是失去了所謂的新鮮感，不然就是對台灣生活周遭種種產生了麻痺感，覺得一切就是如此的自然，甚至往往會不禁脫口而出「啊！不就是這樣嗎？」但桃太郎的眼中的台灣，有我不知道的台灣。而且是「很多」。

認識桃太郎十幾年的死黨 **阿芬**

桃太郎……是個怪咖。他是個日本人，卻更喜歡吃台灣的小吃；要說他會講國語，可講的是有一點台灣國語。他深入台灣人的生活，努力去了解台灣的文化、風俗習慣，我們覺得稀鬆平常的事，幾乎已不關心的事，對他來說，卻都是滿滿的、僅僅只屬於台灣獨特的一面。就讓我們跟著怪咖，再度發現台灣！

推薦序／

台湾と日本の関わりは年々緊密さを増しています。年間３００万人を超える人々が両国間を行き来していますので、本書を手にした皆さんも、すでに台湾を訪れたことがあるという方が多いと思います。

一方で、よりディープに台湾を楽しみたい、もっと深く台湾を知りたいと願っている方も多いことでしょう。本書はそんな台湾ファンの期待に応える、待ちに待った一冊です。

著者の吉岡桃太郎さんは在台歴20年という正真正銘の「台湾達人」。日々、じっくりとこの土地の文化に向かい合い、台湾社会を見つめている人物です。そして、日台両国の結びつきをより強くしていこうと努力を怠らない好青年でもあります。本書には、そんな吉岡さんが練りに練った旅のヒントと、現地発信にこだわった台湾情報が詰まっています。まさに台湾旅行のバイブルと言っていい一冊でしょう。

桃太郎さんと楽しむ「とっておきの台湾」。本書を通じ、奥深い台湾の魅力をより多くの読者と分かち合えることを心より祈ります。

台湾在住作家
片倉佳史

推薦序／

主要是這本書內容，在數年前第一次見到吉岡先生並且於國立教育廣播電台【早安日語】節目訪談時，本人提出期待很快看到吉岡先生以他敏銳的觀察力，書寫親眼所見、親身感受的日文版台灣。果然，數年後的今日看到了讓人眼睛一亮的最新力作。不論是不懂中文的日籍人士，或是生活在台灣的人們，這本書提供了不一樣的視點，隨著桃太郎自由穿梭大街小巷，享受台灣獨特的人文景觀．飲食文化。它不是觀光導覽，卻是旅遊指南中的指南，一書在手，遨遊台灣！

淡江大學日本語文學系副教授

孫寅華

作者序／

台湾と日本について独自の視点で綴る桃太郎シリーズも、おかげさまで三作目を上梓することができました。本の表紙には著者の名前しか掲載されませんが、本を執筆するにあたっては、情報を提供してくださる方、取材に応じてくださる方など、いろいろな方々の御協力が必要不可欠です。これまでいろいろとご協力いただいた台湾と日本の皆さまには、この場を借りて心より御礼申し上げます。

今回は台湾の方だけでなく日本の方にももっと台湾のことを知っていただけるように、中国語と日本語の二カ国語で執筆させていただきました。中国語と日本語で内容に食い違いなどがないように調整するのが大変でしたが、出版社のスタッフや台湾人の家内の協力を得て、なんとか完成させることができました。

単なる観光ガイドブックではなく、台湾の文化や習慣、歴史なども織り交ぜながら、日本との比較も取り入れ、台湾の魅力に迫っています。本書を読んでいただくことで、読者の皆さんに台湾のことをより好きになっていただければ幸いです。

繼《台灣囝婿之桃太郎哈台記》、《桃太郎哈台記之我是這樣長大滴》之後，桃太郎系列的第三本書終於問世了！這本書是以桃太郎獨特的角度，解析介紹台灣主要的吃喝玩樂方式、台灣的文化習慣及台北觀光景點，還點綴以台灣歷史、台日比較等。

桃媽、桃爸都熱愛旅遊，桃太郎從小就跟他們一起日本走透透，長大後還是喜歡旅遊，第一次來到台灣就被台灣的魅力所吸引，成為不折不扣的哈台族，為了證明自己是正港ㄟ哈台族，還去考試院考試，以外國人的身分拿到導遊證跟領隊證！

寫這本書，對桃太郎來說是一大挑戰，為了讓日本朋友及台灣朋友輕鬆了解台灣的魅力所在，還有台灣朋友也可以參考本書將台灣介紹給日本朋友，因此採用中日文對照，所有的中文、日文都是桃太郎親自下筆的，為了核對中日文內容，下了不少功夫。

在台灣吃喝玩樂真是一種享受，有新舊交錯的有趣風景、有好吃好玩的東西、有親切熱心的人們，希望大家看完這本書後，更了解台灣、更愛護這個美麗寶島，因為台灣是個這麼有魅力的地方！最後在此感謝大家對桃太郎的支持及協助。

吉田桃太郎

CONTENTS

目錄

CONTENTS

CHAPTER 02

桃太郎と楽しむ台湾ライフ

跟著桃太郎體驗台灣人的生活

CHAPTER 03

知っておきたい台湾の文化と習慣

應該要知道的台灣的文化及習慣

CHAPTER 01

桃太郎オススメの台北のスポット

桃太郎推薦的台北景點

01/

台湾版《たいわんばん》Suicaでぶらり台北《たいぺい》

台北市《たいぺいし》の中心《ちゅうしん》は、南北《なんぼく》に伸《の》びる「中山北路《ちゅうざんほくろ》」、東西《とうざい》に走《はし》る「忠孝東路《ちゅうこうとうろ》」を中心《ちゅうしん》に、大阪市《おおさかし》や京都市《きょうとし》のように道路《どうろ》が碁盤《ごばん》の目状《めじょう》になっています。ほとんどの通《とお》りに名前《なまえ》がついていて、「南京東路《なんきんとうろ》」のように中国《ちゅうごく》の地名《ちめい》に由来《ゆらい》するもの、「光復北路《こうふくほくろ》」「信義路《しんぎろ》」「民生東路《みんせいとうろ》」のように中国《ちゅうごく》の歴史《れきし》や思想《しそう》、政治理論《せいじりろん》に関《かん》するものが多《おお》いです。

この台北市《たいぺいし》を移動《いどう》するのに便利《べんり》なのが、台湾版《たいわんばん》Ｓｕｉｃａ「悠遊《ゆうゆう》カード」（**悠遊卡**《ヨウヨウカー》）です。バスをはじめ、「ＭＲＴ」と呼《よ》ばれる地下鉄《ちかてつ》と新交通《しんこうつう》システムのほか、タクシー（一部《いちぶ》）や市営《しえい》のレンタサイクルにも利用《りよう》できます。しかもＭＲＴなら運賃《うんちん》が２割引《わりびき》、バスからＭＲＴ（あるいはＭＲＴからバス）に乗《の》り換《か》える際《さい》は、１時間以内《じかんいない》なら、バスの運賃《うんちん》が実質半額《じっしつはんがく》になってとってもお得《とく》です。

ラッシュ時《じ》や雨《あめ》の時《とき》は渋滞《じゅうたい》し

バス専用道を走るバス／行駛公車專用道的公車

やすいので、MRTをメインにバスと組《く》み合《あ》わせて利用《りよう》するのがコツ。急《いそ》いでいるからとタクシーに乗《の》ると、逆《ぎゃく》にMRTより時間《じかん》がかかる場合《ばあい》もあります。また、最近《さいきん》はレンタサイクルのある駅《えき》も増《ふ》えてきているので、駅《えき》からの移動《いどう》に利用《りよう》するのも手《て》です。

バスもMRTも日本《にほん》のように時刻表《じこくひょう》がなく（一部《いちぶ》除《のぞ》く）、「10分《ぷん》～15分《ふん》おきに1本《ぽん》」などとかなりアバウト。バスの運行状況《うんこうじょうきょう》はスマートフォンでも確認《かくにん》できますが、桃太郎《ももたろう》のようにしばし時刻表《じこくひょう》のことは忘《わす》れて、のんびり台北《たいぺい》を旅《たび》するのもいいもんですよ。

01/ 悠遊卡在手，漫遊台北

台北市中心的街道跟日本的大阪市及京都市一樣是棋盤式，所以街道都比較清楚：南北向的主要街道是「中山北路」，東西向的則是「忠孝東路」。大部分的街道都有路名：像「南京東路」是以中國的地名命名，或者像「光復北路」、「信義路」、「民生東路」則是跟中國的歷史、思想、政治理念有關的居多。

暢行台北市時鑾方便的是台灣版Suica（西瓜卡）的「悠遊卡」。除了公車之外，還可以在中文稱為「捷運」的地下鐵及全自動捷運系統、部分計程車以及台北市公共自行車租賃服務時刷卡付費。而且搭乘捷運有8折優惠，1小時內公車與捷運雙向轉乘，有8元優惠，非常划算。

尖峰時間或下雨天比較容易塞車，所以訣竅是以捷運為主再搭配公車，趕時間的時候坐計程車有時候反而會比坐捷運還慢。最近在捷運站附近的自行車租賃站越來越多，下捷運後在捷運站租自行車也是另一種選擇。

除了部分路線或時段，公車、捷運都不像日本那樣有時刻表，只以「每10～15分鐘1班」等相當籠統地描述。雖然可以利用智慧型手機查詢公車動態，但是像桃太郎那樣，暫時忘掉時刻表，悠閒地漫遊台北也很不錯哦。

A　悠遊《ゆうゆう》カード

悠遊《ゆうゆう》カードが導入《どうにゅう》されたのは、JR東日本《ひがしにほん》のSuica導入《どうにゅう》から遅《おく》れること約《やく》7カ月《げつ》の2002年《ねん》（平《へい》成《せい》14年《ねん》）6月《がつ》。その発行枚《はっこうまい》数《すう》は現在《げんざい》、約《やく》3977万枚《まんまい》（2013年《ねん》7月《がつ》台北《たいぺい》市統《しとう》計《けい》）とSuicaに迫《せま》る勢《いきお》いです。当初《とうしょ》は電子《でんし》マネーとして使《つか》えず少々不便《しょうしょうふべん》でしたが、今《いま》は主《おも》なコンビニやドラッグストアなどで使《つか》えるほか、一部《いちぶ》の高速《こうそく》バス、台鐵《タイティエ》（国《こく》鉄《てつ》）の一部区間《いちぶくかん》などでも使《つか》え、悠遊《ゆうゆう》カード1枚《まい》あれば、台北《たいぺい》ではとても便利《べんり》です。

通常《つうじょう》カードのほか、バスとMRTが乗《の》り放題《ほうだい》の「台北《たいぺい》パス」（臺北觀光護照《タイベイグァングァンフーヂャオ》）、ポイントがたまるセブンイレブンの電子《でんし》マネー「iCash」と一体型《いったいがた》の「iCash悠遊《ゆうゆう》カード」もあります。

セブンイレブンでの消費でポイントがたまる「iCash 悠遊カード」／在 7-11 消費可以累積紅利點數的「iCash 悠遊卡」

悠遊卡

日本JR東日本的「Suica（西瓜卡）」啟用後，相隔約七個月的2002年（民國91年）6月悠遊卡啟用了。其發行量逼近Suica，2013年（民國102年）7月為止約3977萬張。雖然悠遊卡早期無法在商店使用有點小不方便，但是如今除了主要可以在便利商店、藥妝店等商店當電子錢使用之外，搭乘部分國道客運、台鐵的部分路段時也可以刷，在台北只要悠遊卡在手就四通八達。

悠遊卡除了普通卡之外，還有可以無限次搭乘公車和捷運的「臺北觀光護照」及結合可以累積紅利點數的7-11電子錢「iCash」的「iCash悠遊卡」。

B 路線《ろせん》バス

300を超《こ》える路線《ろせん》がある台北市《たいぺいし》と新北市《しんぺいし》（旧《きゅう》・台北《たいぺい》県《けん》）を走《はし》る路線《ろせん》バス。10社《しゃ》を超《こ》えるバス会社《がいしゃ》により運行《うんこう》され、原則《げんそく》、1番《ばん》、74番《ばん》など、系統番号《けいとうばんごう》（路線番号《ろせんばんごう》）が1ケタまたは2ケタのバスは、台北市《たいぺいし》の中心部《ちゅうしんぶ》を走《はし》る一《いち》区間《くかん》バス、3ケタのバスは、台北市《たいぺいし》と郊外《こうがい》または新北市《しんぺいし》を結《むす》ぶ二《に》区間《くかん》バスです。

現在《げんざい》の運賃《うんちん》は一《いち》区間《くかん》15元《げん》で、「上車收票《シャンチャーショウピャオ》」「上車收《シャンチャーショウ》費《フェイ》」と書《か》いてあれば前扉《まえとびら》より乗車《じょうしゃ》し乗車時《じょうしゃじ》に、「下車收《シャーチャーショウ》票《ピャオ》」「下車收費《シャーチャーショウフェイ》」なら後扉《うしろとびら》から乗車《じょうしゃ》し降車時《こうしゃじ》に運賃《うんちん》を支《し》払《はら》います。二《に》区間《くかん》にまたがって乗車《じょうしゃ》する場合《ばあい》は、乗車時《じょうしゃじ》と降車時《こうしゃじ》に一回《いっかい》ずつ運賃《うんちん》を支《し》払《はら》います。一部《いちぶ》、深夜《しんや》バスも走《はし》っていますが、運賃《うんちん》が22元《げん》と割《わ》り増《ま》しになります。

「下車收費」と書いてあったら降車時に運賃を支払う／
如果看到「下車收費」的指示燈，下車時投錢

台北聯營公車

在台北市及新北市有超過300個公車路線，由10幾家業者共同提供服務。原則上，1號、74號等一碼或兩碼的公車路線是行駛台北市中心的一段票公車，三碼的公車則是行駛台北市區與郊區或新北市的兩段票公車。

現在的票價為一段15元，如果顯示「上車收票」、「上車收費」時，從前門上車投錢；「下車收票」、「下車收費」時，則先從後門上車，下車時再投錢。如果搭乘兩段票公車並跨過分段點，上下車時都要投錢。部分路線有夜間公車，不過有夜間加成，票價為22元。

C MRT

1996年《ねん》（平成《へいせい》8年《ねん》）に新交通《しんこうつう》システムの木柵線《もくさくせん》（現《げん》・文湖線《ぶんこせん》）が開通《かいつう》して以来《いらい》、のべ60億人《おくにん》もの乗客《じょうきゃく》を運《はこ》んできたMRT（2013年《ねん》10月現在《がつげんざい》）。東西《とうざい》を走《はし》る板南《ばんなん》土城線《どじょうせん》（ブルー）、南北《なんぼく》を走《はし》る淡水線《たんすいせん》（レッド）のほか、新店線《しんてんせん》文湖線《ぶんこせん》（ブラウン）、中和新蘆線《ちゅうわしんろせん》（グリーン）、信義線《しんぎせん》（オレンジ）、（レッド）などがあり、始発《しはつ》はどの路線《ろせん》も朝《あさ》6時《じ》、終電《しゅうでん》は深夜《しんや》0時《じ》です（各路線《かくろせん》の始発駅出発《しはつえきしゅっぱつ》時刻《じこく》）。

エコの観点《かんてん》から乗車券《じょうしゃけん》は再利用可能《さいりようかのう》なICを搭載《とうさい》したトークン（500円玉大《えんだまだい》）になっています。改札《かいさつ》を入《はい》るときは、トークンを自動改札《じどうかいさつ》機《き》の読《よ》み取《と》り機《き》にタッチし、改札《かいさつ》を出《で》るときは、自動改《じどうかい》札機《さつき》の返却口《へんきゃくぐち》に投入《とうにゅう》します。ちょっと分《わ》かりにくいシステムなので、やはり悠遊《ゆうゆう》カードを使《つか》った方《ほう》が便利《べんり》です。

無人運転の MRT 文湖線／無人駕駛的捷運文湖線

台北捷運

於1996年（民國85年）捷運木柵線（現在的文湖線）通車後，台北捷運的累積運量已突破60億人次。除了東西向的板南土城線（藍線）、南北向的淡水線（紅線）之外，還有文湖線（棕線）、新店線（綠線）、中和新蘆線（橘線）、信義線（紅線）等營運路線。各路線的首班車時間為早上6點，末班車則為晚上12點（各路線首發車站的出發時刻）。

因響應環保概念，單程票採用可以重複使用的IC代幣（約500日圓硬幣大小），進站時將IC代幣置於閘門的感應器上，出站時則將IC代幣投入閘門上方的投入口。不過這方式不容易習慣，所以還是用悠遊卡比較方便。

美しいデザインの「MRT 大安森林公園駅」／
設計美麗的「捷運大安森林公園站」

D レンタサイクル

２００９年《ねん》（平成《へいせい》21年《ねん》）3月《がつ》からサービスがスタートした台北市営《たいぺいしえい》のレンタサイクル「ＹｏｕＢｉｋｅ」（微笑單車《ウェイシャオダンチャー》）。当初《とうしょ》は台北《たいぺい》１０１のある信義再開発《しんぎさいかいはつ》エリアに限定《げんてい》されていましたが、２０１2年《ねん》（平成《へいせい》24年《ねん》）から、サービスエリアが徐々《じょじょ》に拡大《かくだい》し、士林観光夜市《しりんかんこうよいち》、饒《じょう》河街観光夜市《かがいかんこうよいち》、行天宮《ぎょうてんぐう》などの観光《かんこう》スポットにもステーションが設《もう》けられ、現在《げんざい》はその数《かず》も１００を超《こ》えるようになりました。

30分《ぷん》ごとに10元《げん》とレンタル料《りょう》も手《て》ごろで、乗《の》り捨《す》ても可能《かのう》（２０１4年《ねん》8月現在《がつげんざい》、会員《かいいん》は最初《さいしょ》の30分《ぷん》のみ無《む》料《りょう》）。ただし利用《りよう》には悠遊《ゆうゆう》カードが必要《ひつよう》です。初《はじ》めて利《り》用《よう》する際《さい》は、ステーションに備《そな》え付《つ》けの端末《たんまつ》、ネットなどで悠遊《ゆうゆう》カードの登録手続《とうろくてつづき》を行《おこな》わなければなりません。

最近よく街で見かけるようになった「YouBike」のステーション／最近數量變多的「YouBike」的租賃站

自行車租賃

於２００９年（民國98年）3月啟用的台北市公共自行車租賃服務「YouBike 微笑單車」，早期服務範圍僅限於台北１０１聳立的信義計劃區，２０１２年（民國１０１年）起陸續擴大其服務範圍，士林觀光夜市、饒河街觀光夜市、行天宮等觀光景點也設置租賃站，如今租賃站已超過１００個點。

使用費率每30分鐘只要10元（２０１４年8月現在，加入會員前30分鐘免費），還可以甲地租乙地還，不過要租賃時需要悠遊卡，而首次使用前，必須先透過租賃站的設備或「微笑單車」官方網站等完成會員註冊。

E タクシー

車体《しゃたい》が黄色《きいろ》いことから、「小黄《シャオホアン》」の愛称《あいしょう》で親《した》しまれている台湾《たいわん》のタクシー。台北市《たいぺいし》だけでも3万台《まんだい》以上《いじょう》が登録《とうろく》されています（2010年末《ねんまつ》台北市統計《たいぺいしとうけい》）。大台北地区《だいたいぺいちく》と呼《よ》ばれる台北市《たいぺいし》、新北市《しんぺいし》、基《きー》隆市《るんし》のタクシー料金《りょうきん》は初乗《はつの》りが70元《げん》で、深夜料金《しんやりょうきん》はこれに20元《げん》プラスで90元《げん》。日本《にほん》のように小型《こがた》、中型《ちゅうがた》の区別《くべつ》はありません。一部《いちぶ》で悠遊《ゆうゆう》カードが使《つか》えます。

日本《にほん》と同様《どうよう》、手《て》をあげれば止《と》まりますが、自動《じどう》ドアではないため、乗客《じょうきゃく》が自分《じぶん》でドアの開《あ》け閉《し》めをする必要《ひつよう》があります。これに慣《な》れてしまい、桃太郎《ももたろう》のように日本《にほん》でもついうっかりドアを自分《じぶん》で閉《し》めてしまう人《ひと》もいるので、気《き》を付《つ》けましょう。

なんとベンツタクシーも／竟然有賓士的計程車

計程車

黃色的台灣計程車以「小黃」的暱稱融入台灣人的生活，光是在台北市登記的就超過三萬輛（2010年底台北市政府統計）。以包含台北市、新北市、基隆市的大台北地區為例，計程車車資日間以70元起跳，夜間則再加20元，為90元起跳。不像日本有小型車、中型車等區別。部分計程車可使用悠遊卡。

跟日本一樣，想搭乘時只要舉手，計程車就會停下來，但是台灣的計程車車門不是自動的，所以必須由乘客自己動手開關車門。一旦習慣了台灣的計程車，就會像桃太郎一樣，即使在計程車是自動門的日本，也會不小心把車門順手關上，所以千萬要小心哦。

モダンな台北 101 とレトロな眷村／
摩登台北 101 跟傳統眷村

02/

モダンとレトロが交錯《こうさく》する街《まち》

人口約《じんこうやく》260万人《まんにん》を抱《かか》える台湾《たいわん》の首都《しゅと》、台北《たいぺい》。高層《こうそう》ビルが立《た》ち並《なら》び、オシャレな店《みせ》が軒《のき》を連《つら》ねるモダンな街角《まちかど》に、どこか懐《なつ》かしさを感《かん》じさせるレトロな雰囲気《ふんいき》が漂《ただよ》っています。例《たと》えば「台北《たいぺい》101」をはじめ、「新光三越《しんこうみつこし》」（デパート）、「W台北《たいぺい》」（ホテル）など、現代的《げんだいてき》な建物《たてもの》が立《た》ち並《なら》ぶモダンな「信義再開発《しんぎさいかいはつ》エリア」の一角《いっかく》に、「**眷村**《ジェンツン》」と呼《よ》ばれる古《ふる》びた団地《だんち》の跡《あと》があり、「**四四南村**《スースーナンツン》」として一般《いっぱん》に開放《かいほう》されていたり、若者《わかもの》でにぎわうオシャレな繁華街《はんかがい》「西門町《せいもんちょう》」に赤《あか》レンガのレトロなルネサンス建築《けんちく》「西門紅楼《せいもんこうろう》」が溶《と》け込《こ》んでいたりします。

このモダンとレトロが至極自然《しごくしぜん》に共存《きょうぞん》しているというのが台北《たいぺい》という街《まち》の魅力《みりょく》のひとつでもあるのですが、そんな外国人《がいこくじん》の目《め》にはいい意味《いみ》で「異様《いよう》」に映《うつ》る光景《こうけい》を、台《たい》北《ぺい》っ子《こ》たちは気《き》に留《と》めることもないようです。かつて世界一《せかいいち》の高《たか》さを誇《ほこ》った台北《たいぺい》101をバックに畑《はたけ》仕事《しごと》をしているおじさんがいても、「おっ、珍《めずら》しい！」とカメラを取《と》り出《だ》して写真撮影《しゃしんさつえい》するのはこの桃《もも》太郎《たろう》だけ。それほどモダンとレトロが交錯《こうさく》する街並《まちな》みがごく当《あ》たり前《まえ》の光景《こうけい》になっているということなのでしょう。モダンとレトロが同時《どうじ》に味《あじ》わえるところというのはなかなか珍《めずら》しいかもしれません。

02/

融和傳統與摩登的城市

擁有260萬人口的台灣首都台北，在眾多大樓、時髦商店林立的摩登城市風貌中，有一股濃濃的懷舊味。例如以「台北101」為首，「新光三越」（百貨公司）、「W台北」（飯店）等現代化建築屹立的摩登信義計劃區的一角，有叫「眷村」的老社區建築，現在以「四四南村」為名開放給民眾參觀；年輕人聚集的「西門町」，有紅磚復古的文藝復興式建築「西門紅樓」融入時尚鬧區。

這種很自然地融和傳統與摩登的風貌，就是台北的魅力之一。這種在外國人眼裡有正面意義的「不尋常」風貌，台北人似乎不會特別留意。有個阿伯曾以世界第一高的台北101為背景在種田，只有桃太郎才會覺得這個「很稀奇」，而拿出相機拍照存證。這代表新中帶舊的這種街上情景已經很自然地融入了台北人的日常生活吧。但其實像台北這樣可以同時享受時尚與懷舊的地方，或許是少見的。

A 信義《しんぎ》再開発《さいかいはつ》エリア（信義計劃區）

1980年代《ねんだい》から再開発《さいかいはつ》が始《はじ》まったこのエリア、例《たと》えるなら銀座《ぎんざ》と新宿《しんじゅく》を足《た》して2で割《わ》ったようなところで、「台北《たいぺい》マンハッタン」の異名《いみょう》を持《も》ちます。当初《とうしょ》は台北《たいぺい》市役所《しやくしょ》、展示場《てんじじょう》の「台《たい》北《ぺい》世界貿易《せかいぼうえき》センター」などしかありませんでしたが、21世紀《せいき》に入《はい》ってから、「台北《たいぺい》101」をはじめ、デパート、ホテル、シネコンなどが続々《ぞくぞく》とオープンし、現代的《げんだいてき》な建物《たてもの》が立《た》ち並《なら》ぶ台北屈《たいぺいくっ》指《し》の繁華街《はんかがい》へと成長《せいちょう》しました。

街《まち》を彩《いろど》るパブリックアート、そして商業施設同士《しょうぎょうしせつどうし》を結《むす》ぶ全長約《ぜんちょうやく》2.3キロにおよぶオシャレな空中連絡通路《くうちゅうれんらくつうろ》など、

「デザイン」を取《と》り入《い》れた街《まち》づくりが目立《めだ》ちます。また、シャネル、グッチ、コーチなどの高級《こうきゅう》ブランド店《てん》も集中《しゅうちゅう》しています。

最寄《もよ》り駅《えき》：MRT市政府駅《しせいふえき》またはMRT台北《たいぺい》101／世貿駅《せぼうえき》

台北 101 と巨大なチェスのコマのアートオブジェ「局」／
台北 101 跟巨大西洋棋的公共藝術「局」

信義計劃區

１９８０年代起新興開發的信義計劃區，彷彿一半有日本銀座、一半有新宿般的味道，也有「台北曼哈頓」的別稱。開發剛起步時只有台北市政府、作為展覽會場的「台北世界貿易中心」等建築，但是自進入21世紀後，以「台北１０１」為首，百貨公司、大飯店、影城等商業設施接二連三地開幕，形成一片現代建築的都市叢林，已成為台北數一數二的商圈。

街上的繽紛公共藝術、連結各種商業設施、全長約2.3公里的空橋等，將「設計」納入的區域發展規劃引人注目。另外，CHANEL、GUCCI、COACH等高級名牌店也集中在此區。

最近的車站：捷運市政府站或捷運台北１０１／世貿站

B 東区《ひがしく》エリア（東區）

台北《たいぺい》を東西《とうざい》に貫《つらぬ》くメインストリート忠孝東路《ちゅうこうとうろ》の四段《よんだん》に位置《いち》する東区《ひがしく》エリアは、台北《たいぺい》市中心《しちゅうしん》の東側《ひがしがわ》に位置《いち》します。１９８０年代《ねんだい》に統領百貨《とうりょうひゃっか》、明曜百貨《めいようひゃっか》、そして日系《にっけい》の太平洋《たいへいよう》ＳＯＧＯが開幕《かいまく》して以来《いらい》、台北《たいぺい》を代表《だいひょう》する繁華街《はんかがい》としてにぎわってきました。個人経営《こじんけいえい》の飲食店《いんしょくてん》や服飾店《ふくしょくてん》も多《おお》く、路地《ろじ》のアパートの1階《かい》がそういう店《みせ》だったりし、新宿《しんじゅく》の中《なか》に原宿《はらじゅく》があるような雰囲気《ふんいき》もあります。また、24時間営業《じかんえいぎょう》の書店《しょてん》など、深夜営業《しんやえいぎょう》している店《みせ》も少《すく》なくありません。

近隣《きんりん》の信義再開発《しんぎさいかいはつ》エリアの開発《かいはつ》で、人《ひと》の流《なが》れに変化《へんか》が表《あらわ》れましたが、最近《さいきん》はユニクロの旗艦店《きかんてん》やＺＡＲＡといったファストファッションの店《みせ》も相次《あいつ》いでオープンし、相変《あいか》わらずのにぎわいぶりです。

最寄《もよ》り駅《えき》：ＭＲＴ忠孝復興駅《ちゅうこうふっこうえき》またはＭＲＴ忠孝敦化駅《ちゅうこうとんかえき》

デパートをリニューアルしてオープンしたＺＡＲＡ／改裝百貨公司後開幕的 ZARA

台北東區

貫穿台北東西向主要道路忠孝東路四段附近一帶的台北東區，乃位於台北市中心的東邊。１９８０年代統領百貨、明曜百貨以及日系百貨太平洋 SOGO 開幕之後，成為在台北最具有代表性的商圈之一，熱鬧繁榮。有不少個人經營的餐飲店、服飾店等，這些店有可能隱身在巷弄間的公寓１樓，彷彿就像在日本新宿風格的商圈散發出原宿的氣息。還有24小時營業的書店等，深夜營業的店家也不少。

雖然隨著附近信義計劃區的開發，人潮流向也隨之東移，但是最近 UNIQLO 的旗艦店、ZARA 等快時尚品牌店陸續開幕，一如往常地熱鬧滾滾。

最近的車站：捷運忠孝復興站或捷運忠孝敦化站

C 西門町《せいもんちょう》

渋谷《しぶや》や原宿《はらじゅく》のような若者《わかもの》が集《つど》う街《まち》としてにぎわう台北西《たいぺいせい》部《ぶ》の西門町《せいもんちょう》。日本統治時代《にほんとうちじだい》に台湾初《たいわんはつ》の公営市場《こうえいいちば》が設置《せっち》されて以来《いらい》、一世紀《いっせいき》あまりにわたって台北有数《たいぺいゆうすう》の繁華街《はんかがい》として栄《さか》えてきました。その市《し》の指定文化財《していぶんかざい》に指定《してい》されている古《ふる》い建物《たてもの》「西門紅楼《せいもんこうろう》」も、ライブハウス、カフェ、オリジナルブランドショップなどが入居《にゅうきょ》する複合施設《ふくごうしせつ》として生《う》まれ変《か》わりました。

一部《いちぶ》が歩行者天国《ほこうしゃてんごく》になっていて、映画館《えいがかん》が並《なら》ぶ「**電影街**《デエンインジェ》」、タトゥーの店《みせ》がひしめきあう「**刺青街**《ツーチンジェ》」、アメリカの輸入品《ゆにゅうひん》を取《と》り扱《あつか》う店《みせ》がそろった「**美国街**《メイグォージェ》」、フィギュアなどのマンガ、アニメ関連《かんれん》グッズを取《と》り扱《あつか》うショップが多数入居《たすうにゅうきょ》する「**万年商業大楼**《ワンニエンシャンイエダーロウ》」（万年《まんねん》ビル）などがあり、台湾《たいわん》の若者《わかもの》のサブカルチャーの発信地《はっしんち》にもなっています。

最寄《もよ》り駅《えき》：MRT西門駅《せいもんえき》

「西門紅楼」の向かいの風景／「西門紅楼」對面的風景

にぎやかな西門町／熱鬧的西門町

西門町

像澀谷或原宿那樣，年輕人聚集的鬧區、台北西部的西門町，日治（日據）時代在此興建了台灣第一座公營市場，之後的這一百多年來一直熱鬧繁榮，為台北屈指可數的商圈之一。昔日公營市場現在被列為市定古蹟，這棟舊建築「西門紅樓」蛻變成擁有音樂展演空間、咖啡店、文創小店等的商業設施。

部分街道劃設行人徒步區，有好幾家電影院的「電影街」、刺青店林立的「刺青街」、銷售美國進口商品店家居多的「美國街」、以及有不少販賣公仔等動漫相關商品的「萬年商業大樓」等區域或設施，儼然成為年輕人次文化的發信地。

最近的車站：捷運西門站

D　迪化街《てきかがい》

「**南北貨**《ナンペイホー》」と呼《よ》ばれる乾物《かんぶつ》のほか、漢方薬《かんぽうやく》、お茶《ちゃ》を取《と》り扱《あつか》う店《みせ》がずらりと並《なら》ぶ迪化街《てきかがい》。台湾最古《たいわんさいこ》の問屋街《とんやがい》といわれ、古《ふる》い街並《まちな》みが残《のこ》る通《とお》り「**老街**《ラオジェ》」には、清《しん》の時代《じだい》に建《た》てられた古《ふる》い建物《たてもの》に混《ま》じって、コンビニやドラッグストアなども軒《のき》を並《なら》べています。まさに台北《たいぺい》を代表《だいひょう》するモダンとレトロが交錯《こうさく》する街《まち》。

普段《ふだん》、人通《ひとどお》りはそれほど多《おお》くはありませんが、旧正《きゅうしょう》月前《がつまえ》になると、正月《しょうがつ》の飾《かざ》りや料理《りょうり》の買《か》い出《だ》しに来《く》る人《ひと》でごった返《がえ》しになり、その光景《こうけい》は師走《しわす》のアメヤ横丁《よこちょう》さながら。量《はか》り売《う》りの店《みせ》が多《おお》く、「**1斤**《ジン》」（**1台斤**《タイジン》）が約《やく》600グラム、「**半斤**《バンジン》」なら約《やく》300グラムです。中《なか》にはドライフルーツや日本《にほん》から輸入《ゆにゅう》した乾物《かんぶつ》を扱《あつか》う店《みせ》もあります。

最寄《もよ》り駅《えき》：MRT中山駅《ちゅうざんえき》またはMRT雙連駅《そうれんえき》

迪化街

不只「南北貨」，中藥、茶葉等店家林立的迪化街，據説是台灣最具歷史的批發商圈。留著昔日景像的「老街」上，清朝時所興建的老建築裡，看見便利商店、藥妝店等的身影，這真是在台北最具有代表性的融合傳統與摩登的區域。

平時不太會有人潮，但是一旦到了年終，總是擠滿了辦年貨的人潮，其熱鬧模樣彷彿東京的阿美橫丁。大部分的店家都用秤重的方式，「1斤」（1台斤）是約600公克、「半斤」則是約300公克。也有販售水果乾、日本進口的乾貨的店家。

最近的車站：捷運中山站或捷運雙連站

旧正月前の迪化街／過年前的迪化街

ドライフルーツも量り売り／
果乾類也秤重賣

量り売りの乾物／秤重賣的南北貨

E 万華《まんか》（萬華）

怪しい（？）露天商が並ぶ三水街／怪攤位（？）擺攤的三水街

ヘビの料理で有名な「華西街観光夜市」／以蛇料理聞名的「華西街觀光夜市」

「一府《イーフー》二鹿《アールー》三艋舺《サンバンカ》」――かつて台南府《たいなんふ》（現《げん》・台南市《たいなんし》）、鹿港《ろっこう》（彰化県《しょうかけん》）に次《つ》ぐ台湾《たいわん》の三大港町《さんだいみなとまち》のひとつだった万《まん》華《か》（旧《きゅう》・艋舺《バンカ》）。若《わか》者《もの》の街《まち》、西門町《せいもんちょう》にほど近《ちか》いですが、龍山《りゅうざん》寺《じ》の周辺《しゅうへん》にはお年寄《としよ》りが集《つど》い、将棋《しょうぎ》を指《さ》したり、カラオケに興《きょう》じたりしています。お年寄《としよ》りがほかの繁華街《はんかがい》に比《くら》べて圧倒的《あっとうてき》に多《おお》いので、ちょっと雰囲気《ふんいき》は違《ちが》いますが、巣鴨《すがも》を連想《れんそう》する人《ひと》もいるかもしれません。

龍山寺《りゅうざんじ》のすぐそばには、「華西街観光夜市《かせいがいかんこうよいち》」があり、ほかの夜市《よいち》ではあまり見《み》かけないヘビの料理《りょうり》などもあります。また、夜市《よいち》の近《ちか》くには赤線《あかせん》だったところがあり、独特《どくとく》の怪《あや》し気《げ》な雰囲気《ふんいき》をかもし出《だ》しています。桃太郎《ももたろう》のように好奇心《こうきしん》で近《ちか》づくと、声《こえ》をかけられることがあるので気《き》を付《つ》けましょう。

最寄《もよ》り駅《えき》：MRT龍山寺駅《りゅうざんじえき》または台鐵《タイティエ》（国鉄《こくてつ》）萬華駅《まんかえき》

萬華

「一府二鹿三艋舺」――僅次於台南府、鹿港，曾被列為三大港都之一的萬華，位於年輕人聚集的西門町附近，但是在龍山寺周邊聚集的人卻是老人，享受下棋、卡拉OK的樂趣。跟其他商圈相比，老人極多，或許有人會連想到東京的巣鴨，不過街道氣氛有一點不同。

位於龍山寺旁的「華西街觀光夜市」，有其他夜市少見的蛇料理等。另外，夜市附近有昔日的紅燈區，散發出一股又神祕又獨特的氣氛。像桃太郎因為好奇而靠近的話，可能會碰到皮條客來搭訕，所以還是要小心為妙。

最近的車站：捷運龍山寺站或台鐵萬華站

眷村《ジェンツン》

主《おも》に戦後《せんご》中国《ちゅうごく》から渡《わた》ってきた軍人《ぐんじん》とその家族《かぞく》が住《す》む団《だん》地《ち》。国《くに》が建設《けんせつ》したものが大多数《だいたすう》を占《し》めていましたが、中《なか》には軍人《ぐんじん》たちが私的《してき》に建設《けんせつ》した違法《いほう》のものがありました。半《はん》閉鎖的《へいさてき》だったことから、独自《どくじ》の「**眷村文化**《ジェンツンぶんか》」が生《う》まれました。かつて台湾全土《たいわんぜんど》に点在《てんざい》していましたが、老朽化《ろうきゅうか》などでその数《かず》は激減《げきげん》し、現在《げんざい》は「**四四南村**《スースーナンツン》」のように住民《じゅうみん》が立《た》ち退《の》き、文化施設《ぶんかしせつ》として一般《いっぱん》に開放《かいほう》されているところもあります。

眷村

眷村是以戰後從中國遷移到台灣的軍人及眷屬為主要居民的社區。大部分是國家規劃興建的，但也有軍人擅自興建的違章建築。因為生活環境比較封閉，而孕育了獨特的「眷村文化」。眷村曾分散在台灣各地，但是有老朽化等問題，已經大幅減少。現在有些居民已經搬離的眷村則以文化場所開放給民眾參觀，如「四四南村」就是其中之一。

03/

オシャレなデパート＆モール

台湾《たいわん》のデパートの歴史《れきし》は意外《いがい》に古《ふる》く、戦前《せんぜん》の１９３０年代《ねんだい》にまでさかのぼりますが、本格的《ほんかくてき》にデパートが普及《ふきゅう》してきたのは、高度《こうど》成長期《せいちょうき》だった１９７０年代《ねんだい》から１９８０年代《ねんだい》にかけてです。そして台湾《たいわん》のデパート界《かい》に革命《かくめい》をもたらしたのが、１９８７年《ねん》（昭和《しょうわ》62年《ねん》）に台北《たいぺい》に開業《かいぎょう》した「太平洋《たいへいよう》ＳＯＧＯ」です。そごうと台湾企業《たいわんきぎょう》の合弁《ごうべん》デパートで、日本式《にほんしき》のサービスが取《と》り入《い》れられ、エレベーターガールが当時《とうじ》話題《わだい》を呼《よ》んだといいます。その後《ご》、「三越《みつこし》」「高《たか》島屋《しまや》」「阪急《はんきゅう》」なども台湾企業《たいわんきぎょう》との合弁《ごうべん》という形《かたち》で台湾《たいわん》に進出《しんしゅつ》し、「新光三越《しんこうみつこし》」「大葉高島屋《おおばたかしまや》」「統《とう》一《いつ》阪急《はんきゅう》」として市民《しみん》に親《した》しまれています。

台北《たいぺい》ではここ十数年《じゅうすうねん》で日系《にっけい》デパートのほか、「台北《たいぺい》１０１」「ブリーズ・センター」「Ｑスクエア」「誠品《せいひん》」など台湾資本《たいわんしほん》のオシャレなデパートやショッピングモールも増《ふ》え、若者向《わかものむ》け、高級《こうきゅう》ブランドがメインなど、ショッピングの選《せん》択肢《たくし》が大幅《おおはば》に増《ふ》えました。また、レストランだけでなくシネコンが

高くそびえ立つ「台北１０１」／高聳的「台北１０１」

入居《にゅうきょ》しているところもあり、デートスポットにもなっています。

それから日本《にほん》ではあまり味《あじ》わえないのが、毎年《まいとし》10月《がつ》から12月《がつ》にかけての一定期間《いっていきかん》、各《かく》デパートで催《もよお》される「**週年慶**《ヂョウニエンチン》」と呼《よ》ばれるバーゲンセールです。割引商品《わりびきしょうひん》がめじろ押《お》しで、買《か》い物額《ものがく》によってさらに商品券《しょうひんけん》や商品《しょうひん》がもらえるという太《ふと》っ腹《ぱら》。多《おお》くの買《か》い物客《ものきゃく》でにぎわいます。

「週年慶」のときに並ぶ場所／
「週年慶」時排隊的地方

03/ 時尚的百貨公司及購物中心

其實在台灣，百貨公司的歷史已超過一甲子，早在日治（日據）時期１９３０年代就有了，但是真正普及的是在１９７０年代到１９８０年代的高度經濟成長期。而為台灣的百貨業帶來革命的是１９８７年（民國76年）在台北開幕的「太平洋SOGO」。太平洋SOGO由台灣企業與日本SOGO合資經營，並引進日式服務，聽説其中電梯小姐在當時還造成話題。接著「三越」、「高島屋」及「阪急」等日本百貨公司也以與台灣企業合資的方式打進台灣市場，也就是台灣民眾熟知的「新光三越」、「大葉高島屋」及「統一阪急」。

在台北這十幾年來，除了日系百貨公司外，台灣本土的百貨公司或購物中心也越來越多，且都具時尚風格：如「台北１０１」、「微風廣場」、「誠品」、「京站時尚廣場」等，有的是以年輕人為銷售對象，有的是以名牌為主，購物選擇也大幅增加。另外，除了餐廳之外，有的還有影城，也成為約會景點。

值得一提的是在日本幾乎無法體驗到的「週年慶」，這是每年10月到12月之間各家百貨公司推出的拍賣活動，有眾多折扣商品，而且依消費金額贈送禮券或禮物，優惠相當大方，總是吸引大批人潮。

A　太平洋《たいへいよう》SOGO

2000年代前半《ねんだいぜんはん》に日本《にほん》のそごうが事実上《じじつじょう》倒産《とうさん》したり、台湾側《たいわんがわ》の出資《しゅっし》企業《きぎょう》が経営《けいえい》困難《こんなん》に陥《おちい》ったりしましたが、太平洋《たいへいよう》SOGO自体《じたい》の業績《ぎょうせき》はよかったため、台湾《たいわん》の老舗《しにせ》デパート「遠東百貨《えんとうひゃっか》」を傘下《さんか》に持《も》つ遠東《えんとう》グループが買収《ばいしゅう》。日本《にほん》のそごうとは資本関係《しほんかんけい》がなくなりました。また、遠《えん》東《とう》グループ傘下《さんか》の企業《きぎょう》が多《た》数《すう》加盟《かめい》している台湾《たいわん》で主流《しゅりゅう》のポイントカード「Happy Go」も導入《どうにゅう》され、ライバルとの差別化《さべつか》が図《はか》られています。

東区《ひがしく》エリアにある「忠孝《ちゅうこう》店《てん》」「復興店《ふっこうてん》」は、デパートとして台北市《たいぺいし》で初《はじ》めてMRTの駅《えき》と直結《ちょっけつ》。日本《にほん》では当《あ》たり前《まえ》ですが、台湾《たいわん》では一旦《いったん》地上《ちじょう》出口《でぐち》を出《で》なければならないところがほとんどです。また、「天母店《てんぼてん》」はフードコードが台湾《たいわん》で一般的《いっぱんてき》な地下《ちか》ではなく8階《かい》にあり、外《そと》の景色《けしき》を眺《なが》めながら、食事《しょくじ》ができます。

MRTの駅と直結した太平洋 SOGO 忠孝店／
與捷運車站出口直接相連通的太平洋 SOGO 忠孝店

太平洋 SOGO

2000年代前期，雖然太平洋SOGO受日本SOGO面臨倒閉、經營權轉移，台灣合資企業也爆發財務危機等影響，但是業績仍舊相當不錯，因此改由旗下擁有台灣早期百貨之一「遠東百貨」的遠東集團接手經營，從此日本SOGO撤資。同時也加入遠東集團旗下多數企業加入的台灣集點卡龍頭「Happy Go」的行列，以便與競爭對手區隔。

位於東區的「忠孝店」跟「復興店」是台北市與捷運車站出口直接相通的首家百貨。雖然在日本這是很普遍的事，但是在台灣大部分都要先從車站出口出去到車站外。另外，「天母店」的美食街是在8樓，可以邊吃邊欣賞戶外風景，與一般百貨把美食街設在地下樓層不同。

B 新光三越《しんこうみつこし》

台北市内《たいぺいしない》だけでも台北駅《たいぺいえき》前《まえ》、日本人《にほんじん》の多《おお》い天母《てんぼ》エリアのほか、信義再開発《しんぎさいかいはつ》エリアに4店舗《てんぽ》、MRT中山駅《ちゅうざんえき》そばに3店舗《てんぽ》と計《けい》10店舗《てんぽ》があり、太平洋《たいへいよう》SOGOと人気《にんき》を二《に》分《ぶん》しています。東京《とうきょう》などでは「年配向《ねんぱいむ》け」というイメージがあるようですが、台湾《たいわん》では「OL御用達《ごようたし》」にもなっています。ブランド力《りょく》も高《たか》く、日《に》本《ほん》の三越《みつこし》と同《おな》じデザインの「新光三越《しんこうみつこし》」と書《か》かれた紙袋《かみぶくろ》や包装紙《ほうそうし》は、お祝《いわ》いや季節《きせつ》の贈答品《ぞうとうひん》に好《この》まれています。

店舗《てんぽ》ごとにコンセプトが異《こと》なり、「パリとの時差《じさ》ゼロ」がコンセプトの「信義新《しんぎしん》天地《てんち》A9館《かん》」には、シャネル、グッチ、フェラガモなどの高級《こうきゅう》ブランド店《てん》が入居《にゅうきょ》しています。また、原宿《はらじゅく》の表参《おもてさん》道《どう》をコンパクトにしたような中山駅《ちゅうざんえき》そばの「南西店《なんせいてん》二《に》館《かん》」には、バスケットボール場《じょう》もあります。

信義再開発エリアにある新光三越／
位於信義計劃區的新光三越

新光三越

新光三越與太平洋 SOGO 一起並列為兩大百貨龍頭，光是在台北市就有10家分店，包括台北車站前、有多數日籍居民的天母地區、信義計劃區4家、捷運中山站旁3家。在東京好像有三越是年紀較長者才會去的説法，但是在台灣不僅是年長者，可也是「小資女御用」的百貨之一。建立品牌戰略成功，所以很多人喜歡選擇跟日本三越相同設計、上面寫著「新光三越」的紙袋或包裝紙，來當作慶祝或應景的禮品。

各分店的定位主軸都不同：打出「巴黎時尚零時差」口號的「信義新天地 A9館」，有 CHANEL、GUCCI、Ferragamo 等國際名牌進駐。而捷運中山站旁的「南西店二館」則彷彿濃縮日本的原宿表參道，店內還有籃球場。

C 誠品《せいひん》

台湾《たいわん》の書店《しょてん》で初《はじ》めて24時《じ》間営業《かんえいぎょう》を導入《どうにゅう》したり、店内《てんない》にソファーや椅子《いす》を設《もう》け、立《た》ち読《よ》みならぬ「座《すわ》り読《よ》み」を推《すい》奨《しょう》したりして、これまでの書《しょ》店《てん》の常識《じょうしき》を覆《くつがえ》してきた「誠《せい》品《ひん》」が百貨店業《ひゃっかてんぎょう》にも進出《しんしゅつ》。書《しょ》店《てん》を中核《ちゅうかく》にしたデパートや地下街《ちかがい》、病院《びょういん》などに入居《にゅうきょ》する小規模《しょうきぼ》な店舗《てんぽ》のほか、閉店《へいてん》したデパートを改装《かいそう》した店舗《てんぽ》などもあり、台湾全土《たいわんぜんど》で数十《すうじゅう》店舗《てんぽ》を展開《てんかい》しています。

東区《ひがしく》エリアにある24時間《じかん》営業《えいぎょう》の「誠品敦南店《せいひんとんなんてん》」、地下《ちか》にフードコートがあり、日本《にほん》の書籍《しょせき》コーナーもある信義《しんぎ》開発《かいはつ》エリアの「誠品信義旗艦《せいひんしんぎきかん》店《てん》」、若者《わかもの》の街《まち》、西門町《せいもんちょう》にある「誠品西門店《せいひんせいもんてん》」は、本《ほん》の品《しな》ぞろえが豊富《ほうふ》なだけでなく、アイデア雑貨《ざっか》、台湾《たいわん》ブランドのグッズや面白《おもしろ》グッズなどの取《と》り扱《あつか》いも多《おお》く、台湾《たいわん》の違《ちが》った一面《いちめん》に触《ふ》れることができます。

深夜まで営業している本屋がある誠品信義旗艦店／
營業到深夜的書店～誠品信義旗艦店

誠品

誠品是台灣首家實施24小時營業的書店，店內則擺設沙發及椅子鼓勵民眾不要站著而是「坐著看」免費書。這樣打破傳統書店的經營方式的誠品，其事業版圖擴展到百貨業，在台灣拓展了數十家分店，例如以書店為核心的小型分店進駐百貨、地下街、醫院等，還有把結束營業的百貨公司改裝後重新開幕等。

位於東區24小時營業的「誠品敦南店」、進駐信義計劃區擁有地下美食街及日文館的「誠品信義旗艦店」，以及位於年輕人聚集的西門町的「誠品西門店」，不僅書籍種類豐富，還有創意雜貨、台灣在地品牌的商品及奇趣商品等，可以感受到台灣的另一個面貌。

eslite 誠品信義店
eslite 誠品
eslite 誠品

D ブリーズ・センター（微風廣場《ウェイフォングアンチャン》）

２０００年《ねん》代《だい》のショッピングモール建設《けんせつ》ラッシュ時《じ》に開業《かいぎょう》したショッピングモールで、女性《じょせい》をメインターゲットにしています。桃太郎《ももたろう》の故郷《こきょう》、福岡《ふくおか》の「キャナルシティー博多《はかた》」とは提携関係《ていけいかんけい》にあり、商品《しょうひん》の流通《りゅうつう》だけでなく、福岡《ふくおか》の「博多山笠《はかたやまがさ》」、台《たい》湾《わん》の「ランタン」などの展示《てんじ》を通《とお》した文化交流《ぶんかこうりゅう》も行《おこな》われています。

店内《てんない》には日本《にほん》でもおなじみのスイーツの店《みせ》や高級《こうきゅう》ブランド店《てん》も入居《にゅうきょ》していて、行《ぎょう》列《れつ》のできる店舗《てんぽ》もあります。

また、２００７年《ねん》（平成《へいせい》19年《ねん》）には台北駅《たいぺいえき》2階《かい》にフードコートを中心《ちゅうしん》とする店舗《てんぽ》もオープンしました。台湾最大《たいわんさいだい》規模《きぼ》を誇《ほこ》るフードコートで、カレー、牛肉麺《ぎゅうにくめん》、夜市《よいち》などのコーナーがあり、ちょっと屋《や》台《たい》は苦手《にがて》という人《ひと》でも、比較《ひかく》的《てき》落《お》ち着《つ》いて台湾《たいわん》の庶民《しょみん》グルメを満喫《まんきつ》することもできます。

シネコンもあるブリーズ・センター／
內有電影院的微風廣場

微風廣場

微風廣場是在２０００年代的購物中心興建潮時開幕的，其銷售對象以女性為主。與位於桃太郎的故鄉——福岡的「博多運河城」有合作關係，不僅是在物流上合作，還有透過台灣及福岡兩地的相關展示做文化交流，包括福岡的「博多山笠」、台灣的「燈籠」等。

購物中心內有在日本大家熟知的甜點店、國際名牌進駐，也有會大排長龍的店。另外，於２００７年（民國96年）在台北車站２樓開幕以美食街為主的分店，擁有台灣最大規模的美食街，內設有咖哩皇宮、牛肉麵競技館、台灣夜市等區域，如果不太敢去路邊攤吃小吃的朋友，可以在此悠閒地享受台灣的小吃。

E Qスクエア（京站時尚廣場《ジンヂャンシーシャングアンチャン》）

台北駅北口《たいぺいえききたぐち》の再開発地区《さいかいはっちく》に建設《けんせつ》された高速《こうそく》バスターミナル、ホテル、共同住宅《きょうどうじゅうたく》などからなる複合《ふくごう》ビルに入居《にゅうきょ》する2009年《ねん》（平成《へいせい》21年《ねん》）に開業《かいぎょう》した比較的新《ひかくてきあたら》しいショッピングモールです。この複合《ふくごう》ビルができたおかげで、それまであまりにぎやかでなかった台北駅北口《たいぺいえききたぐち》の人《ひと》の流《なが》れがずいぶんと変《か》わりました。

「オシャレ、エコ、ハイテク」を謳《うた》う店内《てんない》には、オシャレなショップがずらりと並《なら》び、至《いた》る所《ところ》で緑《みどり》の植物《しょくぶつ》が目《め》に入《はい》り、携帯電話《けいたいでんわ》やパソコン、デジカメを扱《あつか》うショップもあります。また、地下《ちか》3階《がい》がフードコート、4階《がい》がレストラン街《がい》、5階《がい》がシネコンになっていて、アフターファイブや週末《しゅうまつ》は多《おお》くの若者《わかもの》でにぎわっています。

上の階が住居になっているＱスクエア／
上面樓層有住宅的京站時尚廣場

京站時尚廣場

京站時尚廣場是位於台北後車站的結合長途客運轉運站、飯店、集合住宅等的複合式大樓的特定專用區，２００９年（民國98年）開幕，是新興的購物中心。因為興建了這棟大樓，為本來不太熱鬧的後車站帶來了與以往不同的人潮。

以「時尚、環保、科技」為訴求，店內有琳瑯滿目的時尚小店，到處看得到綠色植物，還有行動電話、電腦、數位相機的店。地下3樓有美食街、4樓有各式主題餐廳、5樓則有影城，下班後或週末有不少年輕人到這裡吃喝玩樂。

04/

日本《にほん》の面影《おもかげ》が残《のこ》る古《ふる》い建物《たてもの》

台北《たいぺい》の街《まち》を歩《ある》いていると、どことなく日本《にほん》の面影《おもかげ》が残《のこ》っている建物《たてもの》にめぐり会《あ》うことがあります。その中《なか》には日本統治時代《にほんとうちじだい》に建《た》てられたものもきっとあることでしょう。

台湾《たいわん》は1895年《ねん》（明治《めいじ》28年《ねん》）から1945年《ねん》（昭和《しょうわ》20年《ねん》）にかけての約《やく》50年間《ねんかん》、日本《にほん》に統治《とうち》されていました。その時《とき》に建《た》てられた建物《たてもの》の一部《いちぶ》が、戦後《せんご》も取《と》り壊《こわ》されることなく残《のこ》され、官公庁《かんこうちょう》の庁舎《ちょうしゃ》や学校《がっこう》の校舎《こうしゃ》、公務員《こういん》の宿舎《しゅくしゃ》などとして利用《りよう》されてきたからです。

台北市《たいぺいし》で国《くに》の重要文化財《じゅうようぶんかざい》に指定《してい》されている建物《たてもの》の多《おお》くが、大正時代《たいしょうじだい》から昭和初期《しょうわしょき》にかけて建《た》てられたもので、「総統府《そうとうふ》」や「台湾大《たいわんだい》学医学院附設医院旧館《がくいがくいんふせついいんきゅうかん》」のように、辰野金吾《たつのきんご》が設計《せっけい》を手《て》がけた東京駅《とうきょうえき》と雰囲気《ふんいき》がよく似《に》ている赤《あか》レンガの建物《たてもの》も少《すく》なくありません。前者《ぜんしゃ》の設計《せっけい》に携《たずさ》わった森山松之助《もりやままつのすけ》は、辰野《たつの》のもとで建築《けんちく》を学《まな》んだことがあり、後者《こうしゃ》を設計《せっけい》した近藤十郎《こんどうじゅうろう》も辰野《たつの》の影響《えいきょう》を受《う》けていて、こうした辰野《たつの》の設計《せっけい》スタイルを取《と》り入《い》れた建築《けんちく》は「辰野式《たつのしき》」と呼《よ》ばれています。また、「司法大廈《しほうだいか》」のように台湾《たいわん》では珍《めずら》しい神奈川県庁本庁舎《かながわけんちょうほんちょうしゃ》と同《おな》じ「帝冠様式《ていかんようしき》」の建物《たてもの》もあります。

また、当時建《とうじた》てられた日本家屋《にほんかおく》のほか、瓦葺《かわらぶ》きの家屋《かおく》もまだまだ残《のこ》っていて、現在《げんざい》も住居《じゅうきょ》として利《り》用《よう》されているものだけでなく、カフェに改装《かいそう》された「市長官邸《しちょうかんてい》」など、一般《いっぱん》に開放《かいほう》されているところもあります。

04/

留有日本風貌的老建築

穿梭台北街道，有時候會遇到無意間留著日本風貌的建築，其中應該有些是日治（日據）時期興建的建築吧。這是因為從１８９５年（民國前17年）到１９４５年（民國34年）約50年期間，台灣被日本統治過，這期間興建的部分建築，戰後並沒有拆除，而是保留下來當做政府辦公廳舍、學校校舍、公務員住宅等繼續使用的關係。

在台北市的國定古蹟，大部分是日本大正時期（民國元年～民國15年）到昭和初期（民國15年～民國30年左右）之間興建的，其中「總統府」、「台大醫學院舊館」等不少紅磚建築，和東京車站有幾分相似：東京車站是辰野金吾設計的，參與前者設計的森山松之助剛好是他學生，設計後者的近藤十郎也有受到辰野金吾的影響，而這種採用辰野金吾設計風格的建築叫「辰野式」。另外，「司法大廈」是與日本神奈川縣政府大樓本館一樣同屬「帝冠樣式」建築，是台灣罕見的建築樣式。

另外也有不少日治（日據）時期興建的日式建築及和日式瓦片屋頂的建築保留下來，有的現在還是有人居住，部分建築對外開放，包括改裝為咖啡廳的「市長官邸」等。

A　総統府《そうとうふ》

1919年《ねん》（大正《たいしょう》8年《ねん》）に完成《かんせい》した当時《とうじ》の台湾総督府《たいわんそうとくふ》で、国《くに》の重要文化財《じゅうようぶんかざい》に指定《してい》されています。塔屋《とうや》の高《たか》さが60メートルあり、当時《とうじ》の台北《たいぺい》の建物《たてもの》ではもっとも高《たか》く、上《うえ》から見《み》ると建物《たてもの》が日本《にほん》の「日《ひ》」の字《じ》になっているため、当時《とうじ》は日《に》本統治《ほんとうち》の権威《けんい》を象徴《しょうちょう》していたといわれます。米軍《べいぐん》による空《くう》襲《しゅう》で建物《たてもの》の南側《みなみがわ》の一部《いちぶ》が破損《はそん》してしまいましたが、戦後修《せんごしゅう》復《ふく》され庁舎《ちょうしゃ》として利用《りよう》されるようになり、現在《げんざい》は総統府《そうとうふ》として利用《りよう》されています。

平日《へいじつ》の午前中《ごぜんちゅう》は1階部分《かいぶぶん》の一部《いちぶ》が一般公開《いっぱんこうかい》されていて、台湾人《たいわんじん》なら身分証《みぶんしょう》、外国人《がいこくじん》ならパスポートか居留証《きょりゅうしょう》を提示《ていじ》すれば見学《けんがく》できます。ボランティアガイドの中《なか》には日本語《にほんご》が話《はな》せる人《ひと》もいて、日本統治《にほんとうち》時代《じだい》の面白《おもしろ》い話《はなし》が聞《き》けることもあります。また、記念品売《きねんひんうり》場《ば》の総統《そうとう》グッズも遊《あそ》び心満載《ごころまんさい》で楽《たの》しいです。

住所《じゅうしょ》：台北市中正区重慶南路《たいぺいしちゅうせいくじゅうけいなんろ》一段《いちだん》122号《ごう》

最寄《もよ》り駅《えき》：MRT台大醫院駅《たいだいいいんえき》

月に1回開放される総統府1階のエントランスの階段／每個月對外公開一次的總統府1樓正大門樓梯

總統府

被列為國定古蹟的總統府，前身是於1919年（民國8年）興建的台灣總督府。中央塔高度有60公尺，是當時台北最高的建築，而從上面看的建築造型是日本的「日」字型，因此當時被視為日本統治的象徵。因受美軍轟炸，造成南側部分建築損壞，戰後重新修復後成為辦公廳舍，現在則為總統府的辦公廳舍。

平日上午對外公開1樓的部分建築，台灣人要出示身分證登記，外國人則要出示護照或居留證方可參觀。有會講日文的導覽志工，偶爾有機會聽到日治（日據）時期的有趣故事。另外，在紀念品中心銷售的總統周邊商品很可愛，非常有趣。

住址：台北市中正區重慶南路一段122號

最近的車站：捷運台大醫院站

B 台北賓館《たいぺいひんかん》

1901年《ねん》（明治《めいじ》34年《ねん》）に完成《かんせい》した当時《とうじ》の総督官邸《そうとくかんてい》で、迎賓館《げいひんかん》の機能《きのう》も備《そな》え、昭和天皇《しょうわてんのう》が皇太子時代《こうたいしじだい》に訪台《ほうたい》された際《さい》、ここに宿泊《しゅくはく》されたことがあります。戦後《せんご》も国《くに》の迎賓館《げいひんかん》として利《り》用《よう》され、まだ中華民国《ちゅうかみんこく》と国交《こっこう》のあった1957年《ねん》（昭和《しょうわ》32年《ねん》）に当時《とうじ》の岸信介首相《きしのぶすけしゅしょう》が訪《おとず》れたことがあります。また、1952年《ねん》（昭和《しょうわ》27年《ねん》）に締結《ていけつ》された「日華平和条約《にっかへいわじょうやく》」もここで調印《ちょういん》されました。

国《くに》の重要文化財《じゅうようぶんかざい》に指定《してい》され、2002年《ねん》（平成《へいせい》14年《ねん》）から約《やく》4年間《ねんかん》にわたる大規模《だいきぼ》な修復工事《しゅうふくこうじ》が行《おこな》われ、日本《にほん》から職人《しょくにん》が招《まね》かれたといいます。現在《げんざい》は毎月《まいつき》1回特定日《かいとくていび》に一般公開《いっぱんこうかい》されていて、日本庭園《にほんていえん》なども見学可能《けんがくかのう》。同《おな》じ日《ひ》に普段公開《ふだんこうかい》されていない総統府《そうとうふ》の1階《かい》のエントランスや2階《かい》、3階《かい》の一部《いちぶ》も公開《こうかい》されるので、いっしょに訪《おとず》れるのもいいでしょう。

住所《じゅうしょ》：台北市中正区凱達格蘭大道《たいぺいしちゅうせいくケダカランだいどう》1号《ごう》
最寄《もよ》り駅《えき》：MRT台大醫院駅《たいだいいいんえき》

日本庭園もある台北賓館／擁有日本庭園的台北賓館

台北賓館

於1901年（民國前11年）興建的總督官邸是台北賓館的前身，當時具有迎賓功能，昭和天皇在還是皇太子時曾造訪過台灣，並在此住宿過。戰後仍然繼續在此接待外賓，其中於1957年（民國46年）時任首相的岸信介也到訪過這裡，當時中華民國跟日本還有邦交國關係。另外，於1952年（民國41年）簽訂的「中日和平條約」也是在這裡簽署的。

被列為國定古蹟後，2002年（民國91年）起進行為期約4年的大規模修復工程，據説也聘請了日本師傅。現在每個月對外公開一次，可以參觀日本庭園等。同一天總統府平日不對外公開的1樓正大門及部分2樓、3樓區域也特別對外公開，參觀台北賓館之際，順便過去看看也是不錯的選擇。

住址：台北市中正區凱達格蘭大道1號
最近的車站：捷運台大醫院站

C 台湾大学医学院附設医院旧館《たいわんだいがくいがくいんふせついいんきゅうかん》

１９２０年代《ねんだい》に完成《かんせい》した当時《とうじ》の台湾総督府台北医院《たいわんそうとくふたいぺいいいん》で、台北市《たいぺいし》の指定文化財《していぶんかざい》に指定《してい》されています。のちに開校《かいこう》した台湾大学《たいわんだいがく》の前身《ぜんしん》である台北帝国大学《たいぺいていこくだいがく》に医学部《いがくぶ》が新設《しんせつ》されてからその付属医院《ふぞくいいん》となりました。当時《とうじ》としては台湾最大規模《たいわんさいだいきぼ》の病院《びょういん》で、すぐそばの台湾総督府台北医学専門学校《たいわんそうとくふたいぺいいがくせんもんがっこう》（現《げん》・台湾大学医学院旧館《たいわんだいがくいがくいんきゅうかん》）では、台湾人《たいわんじん》の医療従事者《いりょうじゅうじしゃ》も育成《いくせい》されていました。

１９９１年《ねん》（平成《へいせい》３年《ねん》）に新館《しんかん》が完成《かんせい》してからも、引《ひ》き続《つづ》き診療棟《しんりょうとう》として利用《りよう》されています。現在《げんざい》、旧館《きゅうかん》にはコーヒーショップがあり、薬《くすり》の受取番号《うけとりばんごう》が表示《ひょうじ》される電光掲示板《でんこうけいじばん》もあるので、薬《くすり》の受《う》け取《と》り待《ま》ち時間《じかん》に立《た》ち寄《よ》る人《ひと》も少《すく》なくありません。また、無料《むりょう》でＷｉ－Ｆｉ接続《せつぞく》もできます。病院《びょういん》だからと気《き》が引《ひ》けるかもしれませんが、建物内《たてものない》も見《み》どころ満載《まんさい》です。

住所《じゅうしょ》：台北市中正区常徳街《たいぺいしちゅうせいくじょうとくがい》１号《ごう》
最寄《もよ》り駅《えき》：ＭＲＴ台大醫院駅《たいだいいいんえき》

台灣大學醫學院附設醫院舊館

１９２０年代興建的台灣總督府台北醫院是台大醫院舊館的前身，現被列為市定古蹟。後來設立的台北帝國大學（台灣大學的前身）設立醫學部後，改制為其附屬醫院。該院當時是台灣最大規模的醫院，在隣近的台灣總督府台北醫學專門學校（台大醫學院舊館現址）也有培養台灣人的醫療從事人員。

１９９１年（民國80年）台大醫院新館完工後，舊館仍然作為門診大樓使用。現在舊館內有咖啡店，設有領藥號碼顯示燈，在此等領藥的民眾也不少，也有提供免費無線上網服務。因為這棟建築是醫院，有的人可能不太敢進去，但是建築內也處處有值得參觀的地方。

住址：台北市中正區常德街1號
最近的車站：捷運台大醫院站

現在も診療棟として利用されてる台湾大学医学院附設医院旧館／仍然作為門診大樓使用的台灣大學醫學院附設醫院舊館

身分証《みぶんしょう》

戦後《せんご》まもなく18歳以上《さいいじょう》（現在《げんざい》は14歳以上《さいいじょう》）の国民《こくみん》に発行《はっこう》されるようになったIDカードで、国民《こくみん》ひとりひとりに「**身分證字號**《シェンフンジェンズーハオ》」と呼《よ》ばれる10桁《けた》の番号《ばんごう》が割《わ》り振《ふ》られています。いわゆるマイナンバー制度《せいど》が導入《どうにゅう》されているのです。

銀行口座《ぎんこうこうざ》の開設《かいせつ》など、さまざまな場面《ばめん》でこの身分證《みぶんしょう》が必要《ひつよう》です。また、ポイントカードや会員《かいいん》の登録《とうろく》などでは「**身分證字號**《シェンフンジェンズーハオ》」の記入《きにゅう》が必要《ひつよう》なことがほとんどです。ちなみに法人《ほうじん》の場合《ばあい》は、8桁《けた》の「**統一編号**《トンイービェンハオ》」が割《わ》り振《ふ》られています。

身分證

身分證是戰後不久，開始針對18歲以上（現在是14歲以上）國民放發的ID卡，每一個國民都有10碼各自不同的「身分證字號」。這就是所謂的My Number制度。

像銀行開戶等不少場合都需要這張身分證，而申請集點卡或加入會員時則幾乎都需要填寫「身分證字號」。順便一提，法人則都有8碼的「統一編號」。

D　北投温泉博物館《ほくとうおんせんはくぶつかん》

１９１３年《ねん》（大正《たいしょう》２年《ねん》）に完成《かんせい》した敷地面積約《しきちめんせきやく》７００坪《つぼ》の広大《こうだい》な公共浴場《こうきょうよくじょう》で、静岡《しずおか》の伊豆山温泉《いずやまおんせん》を参《さん》考《こう》にして建《た》てられたといいます。戦後《せんご》一時《いちじ》はプールなどの施設《しせつ》として利用《りよう》されていた時期《じき》もありますが、その後《ご》閉鎖《へいさ》され、廃虚《はいきょ》と化《か》していました。１９９０年代《ねんだい》半《なか》ばに地域《ちいき》の住民《じゅうみん》がその歴《れき》史的価値《してきかち》から保存《ほぞん》する価値《かち》があると保存運動《ほぞんうんどう》を行《おこな》い、その甲斐《かい》あって、台北市《たいぺいし》の指定文化財《していぶんかざい》に指定《してい》され、修《しゅう》復工事《ふくこうじ》が行《おこな》われました。

１９９８年《ねん》（平成《へいせい》10年《ねん》）に博物館《はくぶつかん》として生《う》まれ変《か》わった北投温泉博物館《ほくとうおんせんはくぶつかん》では、２００坪近《つぼちか》くある２階《かい》の座《ざ》敷《しき》などの当時《とうじ》の台湾《たいわん》の公共《こうきょう》浴場《よくじょう》の姿《すがた》だけでなく、北投《ほくとう》の温泉史《おんせんし》にも触《ふ》れることができます。また、世界《せかい》で北《ほく》投《とう》と秋田《あきた》の玉川温泉《たまがわおんせん》の２カ所《しょ》にしかない貴重《きちょう》な鉱石《こうせき》「北投石《ほくとうせき》」にもお目《め》にかかれます。

住所《じゅうしょ》：台北市北投区中山路《たいぺいしほくとうくちゅうざんろ》２号《ごう》

最寄《もよ》り駅《えき》：ＭＲＴ新北投駅《しんほくとうえき》

かつて公共浴場だった北投温泉博物館／北投溫泉博物館的前身是公共浴場

北投溫泉博物館

北投溫泉博物館前身是於1913年（民國2年）完工的公共浴場，據說是仿照日本靜岡縣伊豆山溫泉的方式建造，占地約700坪，非常寬廣。戰後有一段時間被當成游泳池等設施使用，但是後來關閉沒人管理而變成廢屋。1990年代中期，附近居民發現這棟建築有歷史價值值得保存，而展開保存運動，結果他們的努力沒有白費，建築被列為市定古蹟，也進行整修。

於1998年（民國87年）蛻變成博物館的北投溫泉博物館內，在2樓將近200坪大的榻榻米房間等處，不僅能感受當時台灣公共浴場的風貌，也可以接觸北投的溫泉歷史，還可以看到珍貴的「北投石」，這礦石全世界只在北投跟日本秋田縣玉川溫泉兩處才有。

住址：台北市北投區中山路2號

最近的車站：捷運新北投站

中《ちゅう》華《か》民《みん》国《こく》

現在《げんざい》の台湾《たいわん》の正式国名《せいしきこくめい》で、辛亥革命《しんがいかくめい》を経《へ》て中国《ちゅうごく》で建国《けんこく》されました。戦後《せんご》中国共産党《ちゅうごくきょうさんとう》が勢力《せいりょく》を増《ま》し、激《はげ》しい内戦《ないせん》が繰《く》り広《ひろ》げられ、1949年《ねん》（昭和《しょうわ》24年《ねん》）10月《がつ》に中《ちゅう》華《か》人民《じんみん》共和国《きょうわこく》が成立《せいりつ》。中《ちゅう》華《か》民国《みんこく》の国民政府《こくみんせいふ》は台湾《たいわん》に遷移《せんい》し、台湾島《たいわんとう》と周辺《しゅうへん》の島《しま》のみを実《し》効《こう》支配《しはい》するようになりました。

1972年《ねん》（昭和《しょうわ》47年《ねん》）の日中国交正常化《にっちゅうごくこうせいじょうか》で日本《にほん》との国交《こっこう》が断絶《だんぜつ》。台湾《たいわん》では日本《にほん》の「交流協会《こうりゅうきょうかい》」、日本《にほん》では台湾《たいわん》の「台北駐《たいぺいちゅう》日経済文化代表処《にちけいざいぶんかだいひょうしょ》」が、民間団体《みんかんだんたい》として互《たが》いの窓口《まどぐち》となり、大《たい》使館的《しかんてき》な役割《やくわり》も果《は》たしています。

中華民國

中華民國是經過辛亥革命而在中國成立的國家，是現在台灣的正式國名。戰後中國共產黨勢力擴大，展開國共激烈內戰，而於1949年（民國38年）10月正式成立中華人民共和國。中華民國的國民政府遷移至台灣，從此有效管轄領土限於台灣本島及周邊島嶼。

1972年（民國61年）日本正式與中華人民共和國建交，導致中華民國與日本斷交。在台灣有日本的「交流協會」，在日本則是台灣的「台北駐日經濟文化代表處」，以民間團體名義作為台日窗口，同時也備有類似大使館的功能。

05/

新《あら》たな息吹《いぶき》が吹《ふ》き込《こ》まれた文化財《ぶんかざい》

週末は多くの人でにぎわう西門紅楼／
到了週末人潮聚集的西門紅樓

横浜赤《よこはまあか》レンガ倉庫《そうこ》のように、台《たい》北《ぺい》でも古《ふる》い建物《たてもの》をリニューアルして（リノベーション）美術館《びじゅつかん》や博《はく》物館《ぶつかん》のほか、イベント、グルメ、ショッピングなどが楽《たの》しめる複合《ふくごう》文化施設《ぶんかしせつ》に再生《さいせい》されるケースが、21世紀《せいき》に入《はい》ってから増《ふ》えてきています。台湾《たいわん》では1990年代後半《ねんだいこうはん》になってから、それまであまり重《じゅう》視《し》されていなかった文化事業《ぶんかじぎょう》が見《み》直《なお》されるようになりました。そうした事業《じぎょう》には行政《ぎょうせい》の支援《しえん》が欠《か》かせないことから、1999年《ねん》（平成《へいせい》11年《ねん》）に台北市《たいぺいし》が全国《ぜんこく》に先《さき》がけて台湾《たいわん》の地方自治体《ちほうじちたい》にはなかった文《ぶん》化事業《かじぎょう》を担当《たんとう》する専門《せんもん》の部署《ぶしょ》「文《ぶん》化局《かきょく》」を設置《せっち》したのをきっかけに、その動《うご》きが台湾全土《たいわんぜんど》に広《ひろ》まっていきました。
台北市《たいぺいし》の指定文化財《していぶんかざい》はお寺《てら》や廟《びょう》を除《のぞ》くと、その大半《たいはん》が１９９０年代後半以降《ねんだいこうはんいこう》に指定《してい》されたものです。中《なか》でも酒造工場《しゅぞうこうじょう》だった「華山《かざん》１９１４クリエイティブパーク」、公営市場《こうえいいちば》だった「西門紅楼《せいもんこうろう》」などは、リノベーションによりかつての寂《さび》れた雰囲気《ふんいき》が払拭《ふっしょく》され、さまざまな催《もよお》し物《もの》が開催《かいさい》されているだけでなく、コーヒーショップなどがあり、若者《わかもの》に人気《にんき》のスポットになっています。
余談《よだん》ですが、日本《にほん》で防衛庁《ぼうえいちょう》が防衛省《ぼうえいしょう》に格上《かくあ》げになったように、日本《にほん》の文化庁《ぶんかちょう》に相当《そうとう》する文化建設委員会《ぶんかけんせついいんかい》が、２０１２年《ねん》（平成《へいせい》24年《ねん》）に日本《にほん》の「省《しょう》」にあたる「部《ぶ》」に格上《かくあ》げされ、「文化部《ぶんかぶ》」になりました。こういうところからも台湾《たいわん》の文化事業《ぶんかじぎょう》に対《たい》する本気度《ほんきど》がうかがえます。

05/

被賦予新生命的古蹟

進入21世紀後，在台北也陸續出現像橫濱紅磚倉庫那樣，賦予老舊建築新生命後，成為美術館、博物館或融合美食、購物等的複合式文化活動場所。在台灣，１９９０年代後半開始，以往不太被重視的文化活動重新被認識。而這些事業不可或缺的正是政府的支援，因此１９９９年（民國88年）台北市成立全國第一個地方文化事務專責機構——文化局，後來其他地方政府也紛紛成立類似機構。

在台北市除了寺廟之外的市定古蹟，大部分是１９９０年代後半之後被列為市定古蹟的。其中曾是酒廠的「華山１９１４文化創意產業園區」、曾是公營市場的「西門紅樓」等，活化後原有的沒落感完全消失，除了舉辦各種活動之外，也有咖啡店等，吸引不少年輕人。

順便一提，像在日本防衛廳升格為防衛省一樣，２０１２年（民國１０１年）文建會升格為「文化部」，而文建會相當於日本的文化廳，台灣的「部」相當於日本的「省」。由這些升格行動可見台灣對發展文化事業的決心。

A 華山《かざん》1914クリエイティブパーク

1914年《ねん》（大正《たいしょう》3年《ねん》）に建《た》てられた酒造工場《しゅぞうこうじょう》が複合《ふくごう》文化施設《ぶんかしせつ》に大変身《だいへんしん》。東京《とうきょう》ドーム1.5個分《こぶん》の敷地内《しきちない》には、大小《だいしょう》さまざまな展示《てんじ》スペースのほか、シアター、飲食店《いんしょくてん》、原住《げんじゅう》民《みん》の雑貨店《ざっかてん》、CDショップなどがずらりと並《なら》んでいます。

展覧会《てんらんかい》をはじめ、有名《ゆうめい》アーティストのライブなども行《おこな》われているほか、NHK文化《ぶんか》センターの「国際交《こくさいこう》流祭《りゅうさい》」をはじめ、「ガンダムプラモデル博覧会《はくらんかい》」「ゲゲゲの鬼太郎《きたろう》の妖怪楽園《ようかいらくえん》」など、日本《にほん》に関係《かんけい》のある催《もよお》し物《もの》も多数《たすう》行《おこな》われていて、中《なか》にはニコニコ動画《どうが》で生中継《なまちゅうけい》された催《もよお》し物《もの》もあります。週末《しゅうまつ》には屋外《おくがい》の広場《ひろば》で催《もよお》し物《もの》が行《おこな》われることもあり、ショッピング、グルメ、催《もよお》し物《もの》を楽《たの》しむ若者《わかもの》や家族連《かぞくづ》れでにぎわう今台北《いまたいぺい》でもっともホットな文化施設《ぶんかしせつ》のひとつです。

住所《じゅうしょ》：台北市中正区八徳路一《たいぺいしちゅうせいくはちとくろいち》段《だん》1号《ごう》

最寄《もよ》り駅《えき》：MRT忠孝新生駅《ちゅうこうしんせいえき》

市民の憩いの場にもなっている華山 1914 クリエイティブパーク／華山 1914 文化創意產業園區已成為民眾休閒的好去處

華山1914文化創意產業園區

1914年（民國3年）完工的酒廠蛻變為複合式文化活動場所——華山1914文化創意產業園區。在相當於東京巨蛋1.5個大小的園區內，除了有大大小小各種展示空間之外，還有電影院、餐飲店、原住民精品店、唱片行等店家林立。

除了展覽活動、知名歌手的演唱會等之外，也有NHK文化中心的「國際觀光・文化交流活動」、「鋼彈模型博覽會」、「GeGeGe鬼太郎の妖怪樂園」等日本相關活動，有的活動還曾透過日本動畫網站「niconico動畫」直播過。週末則可能會在戶外廣場舉辦活動，享受購物、美食、活動的年輕人或一家人聚集在此，是目前在台北最夯的文化活動場所之一。

住址：台北市中正區八德路一段1號

最近的車站：捷運忠孝新生站

B

西門紅楼《せいもんこうろう》

100年以上前《ねんいじょうまえ》の明治時《めいじじ》代《だい》に建《た》てられた台湾初《たいわんはつ》の公営《こうえい》市場《いちば》が、戦後劇場《せんごげきじょう》、映画館《えいがかん》などを経《へ》て、複合文化施設《ふくごうぶんかしせつ》として再《さい》スタート。前方《ぜんぽう》の「八角楼《はっかくろう》」は1階《かい》が展示《てんじ》スペース、2階《かい》が劇場《げきじょう》になっていて、さまざまな展覧会《てんらんかい》やイベントが開催《かいさい》されています。桃太郎《ももたろう》の故郷《こきょう》、福岡《ふくおか》のイベント「明星《みょうじょう》和楽《わがく》」もここで開催《さい》されました。また、1階《かい》にはコーヒーショップもあります。

後方《こうほう》の「十字楼《じゅうじろう》」にはオリジナルのユニークグッズを扱《あつか》うショップが16店舗《ぽ》入居《にゅうきょ》していて、Jリーグのようにショップの入《い》れ替《か》えも行《おこな》われています。週末《しゅうまつ》は屋外広場《おくがいひろば》にもテントが並《なら》び、台湾《たいわん》ならではのグッズに巡《めぐ》り会《あ》えます。また、台湾《たいわん》のインディーズ界《かい》をリードするライブハウス「**河岸留言《ハーアンリョウイエン》**」の「西門紅楼展演館《せいもんこうろうてんえんかん》」もあり、日本人《にほんじん》アーティストのライブもあります。

住所《じゅうしょ》：台北市萬華区成都路《たいぺいしまんかくせいとろ》10号《ごう》

最寄《もよ》り駅《えき》：MRT西門駅《せいもんえき》

元々は公営市場だった西門紅楼／西門紅樓的前身是公營市場

西門紅樓

超過百年歷史的西門紅樓，是於明治時代（1868年~1912年）興建的台灣第一個公營市場。戰後成為劇場、電影院等，後來以複合式文化活動場所重新開幕。位於前方的「八角樓」1樓是展示空間，2樓則是劇場，在這兩處舉辦各種展覽及活動。桃太郎的故鄉——福岡的活動「明星和樂」曾在這裡舉辦過。1樓還有咖啡廳。

位於後方的「十字樓」有16家文創小店，會像日本職業足球聯盟（J聯盟）那樣，每年聯盟的球隊不同，小店也跟著定期汰舊換新。週末在戶外廣場也有文創市集，可以找到台灣獨特的文創商品。另外，領導台灣獨立音樂的展演空間「河岸留言」也在此設「西門紅樓展演館」，也有日籍樂團的演唱會。

住址：台北市萬華區成都路10號

最近的車站：捷運西門站

C 台北之家《たいぺいのいえ》（光点台北《こうてんたいぺい》）

日本統治時代《にほんとうちじだい》はアメリカ領事館《りょうじかん》、戦後《せんご》も一時《いちじ》アメリカ領事館《りょうじかん》、そして同総領事館《どうそうりょうじかん》、同大使官邸《どうたいしかんてい》として利用《りよう》されていた白《しろ》い建物《たてもの》。中華民国《ちゅうかみんこく》とアメリカが国交《こっこう》を絶《た》ってから約《やく》20年間利用《ねんかんりよう》されることなく、廃虚《はいきょ》と化《か》していた建物《たてもの》に修復《しゅうふく》が施《ほどこ》され、シアター、展示《てんじ》スペース、コーヒーショップなどからなる文化施設《ぶんかしせつ》に生《う》まれ変《か》わりました。

文化財《ぶんかざい》の魅力《みりょく》に映画《えいが》を取《と》り入《い》れたこの施設《しせつ》をプロデュースしているのは、台湾映画界《たいわんえいがかい》を代表《だいひょう》する侯孝賢《ホウシャオシエン》監督《かんとく》。映画関連《えいがかんれん》のセミナーやワークショップなども頻繁《ひんぱん》に開催《かいさい》されているほか、1階《かい》の書店《しょてん》では映画関連《えいがかんれん》の書籍《しょせき》やDVDも販売《はんばい》されています。台北《たいぺい》で台湾映画《たいわんえいが》にどっぷり漬《つ》かれる文化施設《ぶんかしせつ》のひとつです。

住所《じゅうしょ》：台北市中山区中山北路《たいぺいしちゅうざんくちゅうざんほくろ》二段《にだん》18号《ごう》

最寄《もよ》り駅《えき》：MRT中山駅《ちゅうざんえき》

白が基調の領事館が文化施設に／以白色為主調的昔日領事館已蛻變為文化場所

台北之家（光點台北）

白色建築的台北之家是日治（日據）時期的美國領事館，戰後有一段時間也仍舊是美國領事館，然後升格為美國總領事館，後來成為大使官邸。中華民國與美國斷交後，約20年的時間無人使用，成為廢墟，經整修後成為結合電影院、展示空間、咖啡廳等的文化場所。

結合古蹟魅力與電影藝術為主題的台北之家，策劃的是台灣電影大師侯孝賢導演。在台北之家除了常有電影相關的講座、工作坊等，1樓的書店還有銷售電影相關的書籍及DVD，是在台北可以沉浸於台灣電影的文化場所之一。

住址：台北市中山區中山北路二段18號

最近的車站：捷運中山站

コンパクトな博物館に生まれ変わったメルヘンチックな洋館／變身為迷你博物館的夢幻洋樓

D 台北故事館《たいぺいこじかん》

大正時代《たいしょうじだい》に茶商人《ちゃしょうにん》の陳朝駿《ちんちょうしゅん》が政財界《せいざいかい》の名士《めいし》の接待《せったい》のために建《た》てたメルヘンチックな洋館《ようかん》。日本統治時代《にほんとうちじだい》、戦後《せんご》と所有者《しょゆうしゃ》が何度《なんど》も変《か》わり、最終的《さいしゅうてき》に台北市《たいぺいし》に買収《ばいしゅう》され、しばらくの間《あいだ》、台北市立美術館《たいぺいしりつびじゅつかん》が管理《かんり》していましたが、その後《ご》、文化財《ぶんかざい》として修復工事《しゅうふくこうじ》が行《おこな》われ、コンパクトな博物館《はくぶつかん》として一般《いっぱん》に公開《こうかい》されるようになりました。

年《ねん》に数回《すうかい》の特別展《とくべつてん》が催《もよお》されていますが、会期《かいき》は数《すう》カ月《げつ》と長《なが》く、その準備《じゅんび》には1年以上《ねんいじょう》をかけているといい、かなりディープなものが多《おお》いです。また、文学作品《ぶんがくさくひん》の朗読会《ろうどくかい》や客席《きゃくせき》20席《せき》の映画《えいが》の上映会《じょうえいかい》、茶文化《ちゃぶんか》セミナーが行《おこな》われているほか、ミニ書店《しょてん》や茶房《チャファン》もあり、こぢんまりとした空間《くうかん》で文学《ぶんがく》やお茶《ちゃ》などに触《ふ》れられます。また、庭《にわ》に咲《さ》き誇《ほこ》る花々《はなばな》もみどころのひとつです。

住所《じゅうしょ》：台北市《たいぺいし》中山区《ちゅうざんく》中山北路《ちゅうざんほくろ》三段《さんだん》181─1号《ごう》
最寄《もよ》り駅《えき》：MRT圓山駅《えんざんえき》

台北故事館

台北故事館是茶商陳朝駿於大正時代（1912年~1926年）興建的洋樓，用來接待當時的政商名流，看起來非常夢幻。日治（日據）時期、戰後建築幾經易手，最後台北市政府進行徵購，暫時由台北市立美術館管理，後來被列為古蹟，修復後，以迷你博物館的形式對外開放。

一年有幾次特展，都是長達幾個月的展期，據說籌備特展須花費1年以上的時間，其內容相當有深度。還有舉辦文學作品的朗誦、20個名額的電影上映會、茶藝活動等，也有迷你書坊及茶坊，在小小的空間裡可以享受文學、品茶等。另外，庭園裡的一片花海也值得欣賞。

住址：台北市中山區中山北路三段181-1號
最近的車站：捷運圓山站

E　市長官邸《しちょうかんてい》

台湾《たいわん》に現存《げんそん》する日本統治時代《にほんとうちじだい》の建物《たてもの》の中《なか》では比較的珍《ひかくてきめずら》しい和洋折衷《わようせっちゅう》の家屋《かおく》。当時《とうじ》の首長《しゅちょう》の官邸《かんてい》としては、台湾《たいわん》に現存《げんそん》する数少《かずすく》ない建物《たてもの》のひとつで、日本統治時代《にほんとうちじだい》は台《たい》北州《ぺいしゅう》（現在《げんざい》の台北市《たいぺいし》、新北市《しんぺいし》、基隆市《きーるんし》、宜蘭県《ぎらんけん》）の知事《ちじ》官邸《かんてい》、戦後《せんご》は歴代《れきだい》の市長《しちょう》の官邸《かんてい》として利用《りよう》され、李登輝《りとうき》元総統《もとそうとう》も台北市長時代《たいぺいしちょうじだい》に利用《りよう》していました。

カフェとして一般《いっぱん》に公開《こうかい》されるようになってからは、市民《しみん》の憩《いこ》いの場《ば》にもなり、個展《こてん》や文化関連《ぶんかかんれん》のセミナーなども開《ひら》かれ、夏休《なつやす》みには子《こ》ども向《む》けの「木登《きのぼ》り教室《きょうしつ》」などの一風変《いっぷうか》わった講座《こうざ》もあり、文化事業《ぶんかじぎょう》の発展《はってん》にも力《ちから》が入《い》れられています。また、カフェではパスタやカレーライスなども味《あじ》わえ、特《とく》に緑《みどり》に囲《かこ》まれたテラス席《せき》は人気《にんき》です。

住所《じゅうしょ》：台北市中正区徐州路《たいぺいしちゅうせいくじょしゅうろ》46号《ごう》
最寄《もよ》り駅《えき》：MRT善導寺駅《ぜんどうじえき》

市長官邸

市長官邸是在台灣保存的日治（日據）時期建築當中比較罕見的和洋混合式房屋，也是少數現存日治（日據）時期的地方政府首長官邸之一。日治（日據）時期是台北州（現在的台北市、新北市、基隆市、宜蘭縣）的知事（州長）官邸，戰後是歷任市長的官邸，李登輝前總統也在擔任台北市長時居住過。

以咖啡廳對外公開後，市長官邸已成為市民休閒的好去處：該處致力於推廣文化活動，包括舉辦個展、開辦藝文課程等，暑假還有以小朋友為對象的「攀樹課程」等另類課程。另外，在咖啡廳可以享受義大利麵、咖哩飯等美食，充滿綠意的戶外座位區特別受歡迎。

住址：台北市中正區徐州路46號
最近的車站：捷運善導寺站

和洋折衷の市長官邸がカフェに変身／和洋混合式的昔日市長官邸現在以咖啡廳對外開放

06/

仏教《ぶっきょう》と道教《どうきょう》が共存《きょうそん》する廟《びょう》とお寺《てら》

「行天宮《ぎょうてんぐう》」「龍山寺《りゅうざんじ》」など、観光客《かんこうきゃく》だけでなく、多《おお》くの熱心《ねっしん》な信者《しんじゃ》が参拝《さんぱい》に訪《おとず》れる台北《たいぺい》の廟《びょう》やお寺《てら》。台湾《たいわん》には国《くに》に登録《とうろく》されているだけでも1万《まん》2026（2012年《ねん》12月《がつ》内政部《ないせいぶ》統計《とうけい》）の廟《びょう》やお寺《てら》があり、仏教《ぶっきょう》、道教《どうきょう》、儒教《じゅきょう》の三大宗《さんだいしゅう》教《きょう》に民間信仰《みんかんしんこう》が加《くわ》わり、独自《どくじ》の発《はっ》展《てん》をとげてきました。廟《びょう》やお寺《てら》に参拝《さんぱい》するだけでなく、毎月旧暦《まいつききゅうれき》の1日《ついたち》と15日《にち》、あるいは2日《ふつか》と16日《にち》にあたる日《ひ》に家《いえ》やお店《みせ》の中《なか》か前《まえ》にテーブルを出《だ》して、神様《かみさま》へのお供《そな》え物《もの》を並《なら》べて線香《せんこう》をあげたり、「紙錢《ヅーチエン》」と呼《よ》ばれるお金《かね》に見立《みた》てた紙《かみ》を燃《も》やしたりする信仰《しんこう》もあります。

お店の前に並べられたお供え物と燃やされた「紙錢」／店門口擺設的供品及焚燒的「紙錢」

廟《びょう》やお寺《てら》では、向《む》かって右側《みぎがわ》の門《もん》（龍門《ロンモン》）から入《はい》り、左側《ひだりがわ》の門《もん》（虎門《フーモン》）から出《で》るのが基本《きほん》。本《ほん》殿《でん》の左側《ひだりがわ》、つまり本《ほん》殿《でん》に向《む》かって右側《みぎがわ》が格上《かくうえ》という考《かんが》え方《かた》があるので、トイレも通常《つうじょう》は本殿《ほんでん》に向《む》かっ

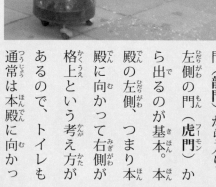

て左側《ひだりがわ》にあります。参拝《さんぱい》の際《さい》は、まず火《ひ》をつけた線香《せんこう》を両手《りょうて》で持《も》ち、自分《じぶん》の名前《なまえ》、生年月日《せいねんがっぴ》、住所《じゅうしょ》を神様《かみさま》に告《つ》げてから、線香《せんこう》をあげます。線香《せんこう》の本数《ほんすう》などは廟《びょう》によって違《ちが》うので、説明《せつめい》を見《み》るか、周《まわ》りの人《ひと》の真似《まね》をするといいでしょう。また、願《ねが》い事《ごと》をする際《さい》も、同様《どうよう》に自分《じぶん》の名前《なまえ》、生年月日《せいねんがっぴ》、住所《じゅうしょ》を告《つ》げなければなりません。また、おみくじを引《ひ》く際《さい》は、おみくじ棒《ぼう》を引《ひ》く前《まえ》と後《あと》におみくじを引《ひ》いてもいいか、その番号《ばんごう》が神様《かみさま》の思《おぼ》し召《め》しか「神杯占《しんぱいうらな》い」をして、神様《かみさま》にお伺《うかが》いを立《た》てる必要《ひつよう》があります。

06/ 佛教與道教共存的寺廟

「行天宮」、「龍山寺」等，不僅是觀光客，也是許多虔誠信眾去參拜的台北的寺廟。佛教、道教、儒教的三大宗教再加民間信仰，發展出獨特的信仰文化，光是向政府登記的就有1萬２０２６座（２０１２年12月內政部統計）寺廟。除了到寺廟參拜，每月農曆初一及十五或初二及十六，會看到在家中或者店門口擺設桌子、排上祭拜神明的供品並上香，或焚燒仿照紙鈔的「紙錢」等信仰文化。

進去寺廟時，基本上要從面對著寺廟右側的門（龍門）進去，再從左側的門（虎門）出來。這是因為有左尊右卑的說法，正殿的左側也就是面對正殿的右側為尊，所以洗手間也通常設在面對正殿的左側。參拜時，先用雙手拿著已經點火的香，向神明報上自己的姓名、出生年月日、地址，之後再插香。要拿幾柱香依寺廟不同，建議先看寺廟的說明或學周邊參拜的人；許願時也同樣要向神明報上自己的姓名、出生年月日、地址。另外，求籤時，抽籤支前後都要請筊，得到聖筊才能抽籤支或拿籤詩。

お供え物や線香を売っているおばさん／賣供品或香的歐巴桑們

A　行天宮《ぎょうてんぐう》

商売《しょうばい》の神様《かみさま》として信仰《しんこう》を集《あつ》めている関羽《かんう》が祀《まつ》られている台湾《たいわん》を代表《だいひょう》する関帝廟《かんていびょう》のひとつ行天宮《ぎょうてんぐう》。台北《たいぺい》では龍山寺《りゅうざんじ》と並《なら》んで参拝客《さんぱいきゃく》の多《おお》い廟《びょう》として知《し》られ、どちらもMRTの最寄《もよ》り駅《えき》の駅名《えきな》になっています。行天宮《ぎょうてんぐう》の交差点《こうさてん》のところにはかつてお供《そな》え物《もの》や線香《せんこう》を売《う》っているおばさんがいて、独特《どくとく》の雰囲気《ふんいき》をかもし出《だ》していました。

行天宮《ぎょうてんぐう》で有名《ゆうめい》なのが「収驚《シュウキャー》」です。人間《にんげん》には精神《せいしん》と肉体《にくたい》をつかさどる気《き》「魂魄《こんぱく》」があり、何《なん》らかの原因《げんいん》でそれが失《うしな》われたために、体《たい》調《ちょう》を崩《くず》したり、不眠《ふみん》に陥《おち》ったり、集中力《しゅうちゅうりょく》がなくなったりすると考《かんが》えられています。その「魂《こん》魄《ぱく》」を取《と》り戻《もど》すための儀式《ぎしき》が「**収驚**《シュウキャー》」で、青《あお》い服《ふく》を着《き》たボランティアの老婦人《ろうふじん》が線香《せんこう》を持《も》ってひとりひとりやってくれます。桃太郎《ももたろう》も時々《ときどき》やってもらっています。

住所《じゅうしょ》：台北市《たいぺいし》中山区《ちゅうざんく》民権東路《みんけんとうろ》二《に》段《だん》109号《ごう》

最寄《もよ》り駅《えき》：MRT行天宮駅《ぎょうてんぐうえき》

行天宮では左側の「虎門」から入る人が多い／在行天宮不少人從面對著寺廟左側的「虎門」進去

参拝に訪れた熱心な信者たち／來參拜的虔誠信眾

行天宮

行天宮是在台灣最具代表性的關帝廟之一，供奉關公，是生意人必拜的神明。在台北與龍山寺同樣以香火鼎盛的寺廟聞名，兩者名稱都成為鄰近的捷運站名。行天宮前的十字路口曾有賣供品或香的歐巴桑們，為當地帶來不同於其他寺廟的獨特風情。

行天宮最有名的是「收驚」。據說人有掌控精神跟肉體的「魂魄」，一旦為了某種原因離身失散，會發生身體不適、記憶力不集中、不易入眠等情形，而透過「收驚」可以收回失散的魂魄。由廟裡穿著藍色衣服、拿著香的志工阿媽幫香客收驚。有時候桃太郎也會去請志工阿媽收驚。

住址：台北市中山區民權東路二段109號

最近的車站：捷運行天宮站

B 艋舺龍山寺《バンカりゅうざんじ》

18世紀《せいき》に中国《ちゅうごく》の福建《ふっけん》から台湾《たいわん》に渡《わた》ってきた移民《いみん》により建立《こんりゅう》された艋舺龍山寺《バンカりゅうざんじ》。艋舺《バンカ》（現《げん》・万華《まんか》）の移民《いみん》の信仰《しんこう》のよりどころとなっていました。約《やく》200年《ねん》の間《あいだ》に台《たい》風《ふう》や地震《じしん》の被害《ひがい》、老朽化《ろうきゅうか》で何度《なんど》か建《た》て替《か》えや修復《しゅうふく》が行《おこな》われましたが、1945年《ねん》（昭和《しょうわ》20年《ねん》）に米《べい》軍《ぐん》による空襲《くうしゅう》で全焼《ぜんしょう》してしまいました。現在《げんざい》の建築《けんちく》は1959年《ねん》（昭和《しょうわ》34年《ねん》）に完成《かんせい》したもので、台北市《たいぺいし》の指定《してい》文化財《かざい》に指定《してい》されています。

参拝客が絶えない**艋舺**龍山寺／香火鼎盛的艋舺龍山寺

観世音菩薩《かんぜおんぼさつ》、文殊菩薩《もんじゅぼさつ》をはじめとした仏教《ぶっきょう》の神様《かみさま》だけでなく、「**文昌帝君**《ウエンチャンディージュン》」（学問《がくもん》の神様《かみさま》）、「**關聖帝君**《グァンシエンディージュン》」（関羽《かんう》）、「**月下老人**《ユエシャーラオレン》」（縁結《えんむす》びの神様《かみさま》）といった道教《どうきょう》の神様《かみさま》も祀《まつ》られています。また、最近《さいきん》は神様《かみさま》をモチーフにしたかわいらしいお守《まも》りも登場《とうじょう》し、若《わか》い女性《じょせい》の人気《にんき》を集《あつ》めています。

住所《じゅうしょ》：台北市《たいぺいし》萬華区《まんかく》廣州街《こうしゅうがい》211号《ごう》

最寄り駅《もよりえき》：MRT龍山寺駅《りゅうざんじえき》または台鐵《タイティエ》（国鉄《こくてつ》）萬華駅《まんかえき》

艋舺龍山寺

艋舺龍山寺是於18世紀從中國福建來到台灣的移民所興建的，是當時艋舺（現在的萬華）移民的信仰中心。之後約200年的期間，受到颱風、地震侵襲或老舊化等問題，歷經幾次整修或重建，並於1945年（民國34年）受美軍轟炸而全部燒毀。現在的建築則是1959年（民國48年）重建完工的，被列為市定古蹟。

供奉的神明除了有觀世音菩薩、文殊菩薩等佛教的神明外，也有「文昌帝君」（學問之神）、「關聖帝君」（關公）、「月下老人」（姻緣之神）等道教的神明。另外，最近有販賣Q版神明御守，頗受年輕女性歡迎。

住址：台北市萬華區廣州街211號

最近的車站：捷運龍山寺站或台鐵萬華站

C 台北市孔廟《たいぺいしこうびょう》

台湾各地《たいわんかくち》にある孔子廟《こうしびょう》のひとつ台北市孔廟《たいぺいしこうびょう》。もともと清《しん》の時代《じだい》に今《いま》の台北駅《たいぺいえき》の近《ちか》くに建立《こんりゅう》されていましたが、日本統治時代《にほんとうちじだい》初期《しょき》に学校建設《がっこうけんせつ》のために撤去《てっきょ》されてしまいました。現在《げんざい》の大龍《ダーロン》峒《ドン》エリアにある建築《けんちく》は、日本統治時代末期《にほんとうちじだいまっき》の１９３９年《ねん》（昭和《しょうわ》14年《ねん》）に完成《かんせい》したものです。敷地内《しきちない》の「明倫堂劇院《めいりんどうげきいん》」でその辺《へん》の歴史《れきし》をまとめた映像《えいぞう》が放映《ほうえい》されています。

普段《ふだん》は比較的静《ひかくてきしず》かですが、孔子生誕《こうしせいたん》の9月《がつ》28日《にち》には毎年盛大《まいとしせいだい》な「祭孔大典《さいこうたいてん》」が行《おこな》われ、中国《ちゅうごく》の歴代王朝《れきだいおうちょう》で行《おこな》われた儀式《ぎしき》が再現《さいげん》され、多《おお》くの人《ひと》でにぎわいます。また、敷地内《しきちない》には売店《ばいてん》やコーヒーショップもあり、売店《ばいてん》で売《う》られている孔子人形《こうしにんぎょう》などの孔子関連《こうしかんれん》グッズは人気《にんき》です。参拝客《さんぱいきゃく》の半数《はんすう》が外国人《がいこくじん》ともいわれ、日本人参拝客《にほんじんさんぱいきゃく》も多《おお》く、日本語《にほんご》で願《ねが》い事《ごと》が書《か》かれた絵馬《えま》もよく見《み》かけます。

住所《じゅうしょ》：台北市大同区大龍街《たいぺいしだいどうくだいりゅうがい》275号《ごう》

最寄《もよ》り駅《えき》：ＭＲＴ圓山駅《えんざんえき》

台北市孔廟の参拝客の半数が外国人／
來台北市孔廟的一半香客是外國人

台北市孔廟

台北市孔廟是分散在台灣各地的孔廟之一，清朝時原址是在現今的台北車站附近，但是日治（日據）時期初期因興建學校而被拆掉，位於大龍峒現有的孔廟是於日治（日據）時期末期的１９３９年（民國28年）完工的。在占地內的「明倫堂劇院」有播放彙整過的相關歷史的影片等。

平時比較安靜，但是每年於9月28日的孔子誕辰日會盛大舉行「釋奠典禮」，重現中國古時歷朝歷代的古禮祭典，吸引眾多人潮。另外有販賣部及咖啡店等，其中在販賣部銷售的孔子人偶等孔子的周邊商品相當受歡迎。據説到此參觀的半數香客是外國人，其中日本人也不少，所以也常看到用日文寫的祈願繪馬。

住址：台北市大同區大龍街２７５號

最近的車站：捷運圓山站

D 関渡宮《かんとぐう》

北港朝天宮《ほっこうちょうてんぐう》（雲林県《うんりんけん》）、鹿港天后宮《ろっこうてんごうぐう》（彰化県《しょうかけん》）と並んで台湾三大媽祖廟《たいわんさんだいまそびょう》のひとつに数《かぞ》えられる関渡宮《かんとぐう》。四《し》方《ほう》を海《うみ》に囲《かこ》まれた台湾《たいわん》では海《うみ》の守護神《しゅごしん》である媽祖信仰《まそしんこう》が盛《さか》んで、17世紀後半《せいきこうはん》に中《ちゅう》国《ごく》から台湾《たいわん》に渡《わた》ってきた移《い》民《みん》が故郷《こきょう》の媽祖《まそ》を分祀《ぶんし》したのがその始《はじ》まりだといわれています。

関渡宮《かんとぐう》で驚《おどろ》かされるのは祀《まつ》られている神様《かみさま》の数《かず》。主祭神《しゅさいじん》の媽祖《まそ》、そして観世《かんぜ》音菩薩《おんぼさつ》、**文昌帝君**《ウェンチャンディージュン》といった仏教《ぶっきょう》や道教《どうきょう》の神様《かみさま》のほか、長《なが》さ数十《すうじゅう》メートルの「財神《ざいしん》洞《どう》」には財運《ざいうん》の神々《かみがみ》が、同《おな》じく長《なが》さ約《やく》10メートルの「古佛洞《こふつどう》」には千手観音《せんじゅかんのん》をはじめとする数十体《すうじゅったい》の神々《かみがみ》が祀《まつ》られているのです。また、小高《こだか》い丘《おか》に建立《こんりゅう》されているので、上《うえ》から淡水河《たんすいがわ》（河川《かせん》）、赤《あか》い関渡大橋《かんとおおはし》、観音様《かんのんさま》が横《よこ》たわったように見《み》える観音山《かんのんざん》が一望《いちぼう》できます。

住所《じゅうしょ》**：**台北市《たいぺいし》北投区《ほくとうく》知行路《ちぎょうろ》360号《ごう》

最寄《もよ》**り駅**《えき》**：**MRT關渡駅《かんとえき》

關渡宮

關渡宮、北港朝天宮（雲林縣）、鹿港天后宮（彰化縣）並稱為台灣三大媽祖廟。在四面環海的台灣，海洋守護神——媽祖的信仰非常普遍，據說17世紀後半從中國來到台灣的移民奉迎家鄉的媽祖分靈來台，是台灣媽祖信仰的開始。

關渡宮裡令人驚訝的是供奉神明的數量。除了主祀的媽祖以及觀世音菩薩、文昌帝君等佛教、道教的神明之外，在數十公尺長的「財神洞」裡供奉有幾尊財神，在同樣數十公尺長的「古佛洞」裡則供奉千手觀音等數十尊神明。另外，位於斜坡上的關渡宮，至高點可眺望淡水河、紅色關渡大橋以及狀似臥觀音的觀音山。

住址：台北市北投區知行路３６０號

最近的車站：捷運關渡站

数十体の神々が祀られている「古佛洞」／供奉數十尊神明的「古佛洞」

街角《まちかど》アートと美術館《びじゅつかん》の新《あら》たな試《こころ》み

07/

「台北 101」の前にあるアートオブジェ「LOVE」／在「台北 101」前的「LOVE」裝置藝術作品

こんなことを言《い》っては失礼《しつれい》ですが、桃太郎《ももたろう》が初《はじ》めて台北《たいぺい》を訪《おとず》れた二十数年《にじゅうすうねん》前《まえ》、台北《たいぺい》の街角《まちかど》でアートらしきものを見《み》かけた記憶《きおく》がありません。それが今《いま》ではどうでしょう。建物《たてもの》も店《みせ》のインテリアもオシャレになり、街《まち》の至《いた》る所《ところ》でアートオブジェが目《め》に入《はい》ってきます。「台北《たいぺい》１０１」の前《まえ》には新宿《しんじゅく》にあるのと同《おな》じ「ＬＯＶＥ」のアートオブジェがあり、ここ数《すう》年に開通《かいつう》したＭＲＴの新荘線《しんそうせん》、蘆洲線《ろしゅうせん》、信義線《しんぎせん》の各駅《かくえき》にはそれぞれテーマが設《もう》けられ、ホームやコンコースがアートオブジェで彩《いろど》られています。

また、台北市立美術館《たいぺいしりつびじゅつかん》で「海洋堂《かいようどう》とオタク文化《ぶんか》」と題《だい》したフィギュア展《てん》、国立台湾博物館《りったいわんはくぶつかん》で「台湾野球《たいわんやきゅう》１００年《ねん》特別展《とくべつてん》」、国立台湾歴史博物館《こくりつたいわんれきしはくぶつかん》で「ディズニー映画《えいが》のアート展《てん》」などが開催《かいさい》され、これまでの美術館《びじゅつかん》や博物館《はくぶつかん》のお堅《かた》いイメージを打破《だは》する試《こころ》みも行《おこな》われているほか、アーティストが常駐《じょうちゅう》して創《そう》作活動《さくかつどう》に励《はげ》む「台北国際芸術村《たいぺいこくさいげいじゅつむら》」などもオープンし、アートがより身近《みぢか》に感《かん》じられるようになってきています。

さらに台北市《たいぺいし》は2年《ねん》に1度開催《どかいさい》される世界的《せかいてき》なデザインイベント「ワールド・デザイン・キャピタル」（ＷＤＣ）の開催誘致《かいさいゆうち》に成功《せいこう》。２０１６年《ねん》（平成《へいせい》28年《ねん》）の開催《かいさい》に向《む》けて、官民《かんみん》が一丸《いちがん》となった準備《じゅんび》が進《すす》められています。今後《こんご》はこれまで以上《いじょう》に街角《まちかど》にアートがあふれていくことでしょう。

07/

巷弄藝術及美術館的新嘗試

這樣講可能有一點失禮，二十幾年前桃太郎第一次來到台北時，完全沒印象在台北的戶外有看到像樣的藝術作品，但是現在呢？建築、店家的室內設計變得時髦，街上到處都有藝術作品。像在「台北１０１」前就有跟新宿一樣的「LOVE」裝置藝術作品。這幾年通車的捷運新莊線、蘆洲線、信義線等車站各有設計主題，月台或穿堂都有藝術作品的蹤影。

另外，透過台北市立美術館的「海洋堂與御宅族文化」、國立台灣博物館的「臺灣棒球百年特展」、國立台灣歷史博物館的「迪士尼經典動畫藝術」等展覽，試圖打破民眾對美術館、博物館的刻版印象，除此之外，讓藝術家進駐致力創作的「台北國際藝術村」也開幕，藝術就更貼近民眾的生活了。

還有台北市成功申辦「２０１６世界設計之都」，這是每兩年一次舉辦的國際性設計活動。邁向２０１６年（民國１０５年）的大會，政府跟民間聯手展開籌備，今後台北市的街上應該會展現出更多的藝術氣息吧。

Ａ パブリックアート

１９９８年《ねん》（平成《へいせい》10年《ねん》）にパブリックアート設置《せっち》に関《かん》する省令《しょうれい》が施行《しこう》されたのをきっかけに増《ふ》え続《つづ》けているパブリックアート。街《まち》にすっかり溶《と》け込《こ》んでしまっていて、言《い》われてみて初《はじ》めてパブリックアートだと気《き》がつくというものもありますが、台北市《たいぺいし》だけでもなんと５００点《てん》を超《こ》える作品《さくひん》が街角《まちかど》や駅《えき》などの公共空間《こうきょうくうかん》に設置《せっち》されています。

信義再開発《しんぎさいかいはつ》エリアにはロバート・インディアナ作《さく》の「ＬＯＶＥ」をはじめ、巨《きょ》大《だい》なチェスのコマ「局《きょく》」などがあり、ショッピングのついでにパブリックアートを散策《さんさく》するのも楽《たの》しいです。台北《たいぺい》にはほかにも半分《はんぶん》の胴《どう》体《たい》のシマウマに信号機《しんごうき》をはめ込《こ》んだ「時間斑馬線《じかんはんばせん》」など面白《おもしろ》い作品《さくひん》も多数《たすう》あるので、桃太郎《ももたろう》のように街角《まちかど》をぶらついてみると、意外《いがい》なアートとの出会《であ》いがあるかもしれませんよ。

敦化南路にある面白アートオブジェ「時間斑馬線」／在敦化南路上的有趣公共藝術作品「時間斑馬線」

公共藝術

於１９９８年（民國87年）施行公共藝術設置辦法後，在台灣陸續增加的公共藝術，已經很自然地融入街上風景，如果沒有人提醒可能不會發現是公共藝術，光是在台北市就有超過５００件作品設置在街上或車站等公共場所。

信義計劃區有羅伯特・印第安那的作品「LOVE」、巨大西洋棋的作品「局」等，購物之餘可以享受探索公共藝術之樂。在台北還有不少有趣的公共藝術作品，如只有一半身體的斑馬套上紅綠燈的「時間斑馬線」等，學桃太郎漫步街上，可能會遇到意想不到的藝術哦。

独特のデザインの台北市立美術館／
獨特設計的台北市立美術館

B 台北《たいぺい》市立《しりつ》美術館《びじゅつかん》

1983年《ねん》（昭和《しょうわ》58年《ねん》）に開館《かいかん》した台湾屈指《たいわんくっし》の美術《びじゅつ》館《かん》。総床面積東京《そうゆかめんせきとうきょう》ドーム約《やく》0.5個分《こぶん》の館内《かんない》に20を越《こ》える展示《てんじ》スペースがあり、いつ訪《おとず》れても魅力的《みりょくてき》な展覧会《てんらんかい》が開催《かいさい》されています。また、4000点《てん》を超《こ》える美術品《びじゅつひん》を所蔵《しょぞう》し、日《に》本統治時代《ほんとうちじだい》に何度《なんど》も「帝展《ていてん》」（日展《にってん》の前身《ぜんしん》）に入選《にゅうせん》した黄《こう》土水《どすい》の彫刻《ちょうこく》や陳澄波《ちんとうは》の油絵《あぶらえ》なども所蔵《しょぞう》されています。

展覧会《てんらんかい》だけでなく、美術学《びじゅつがく》術《じゅつ》の研究《けんきゅう》や人材《じんざい》の発掘《はっくつ》にも力《ちから》を入《い》れていて、2年《ねん》に1度《ど》のアートの祭典《さいてん》「台北《たいぺい》ビエンナーレ」、若手《わかて》アーティストの登《とう》竜門《りゅうもん》「台北美術賞《たいぺいびじゅつしょう》」なども主《しゅ》催《さい》しています。また、1階《かい》の売店《ばいてん》では台湾《たいわん》のアーティストがデザインしたグッズなども販売《はんばい》され、台湾《たいわん》のおみやげとしても人気《にんき》があります。それから閉館時間《へいかんじかん》が午後《ごご》8時半《じはん》にまで延長《えんちょう》される土曜《どよう》は夜《よる》の美《び》術館《じゅつかん》も楽《たの》しめます。

住所《じゅうしょ》：台北市中山区中山北路《たいぺいしちゅうざんくちゅうざんほくろ》三段《さんだん》181号《ごう》
最寄《もよ》り駅《えき》：MRT圓山駅《えんざんえき》

台北市立美術館

台北市立美術館於1983年（民國72年）開幕，是台灣數一數二的美術館。建築物樓層面積約相當於半個東京巨蛋的美術館內，有超過20個展示空間，什麼時候去都看得到很有吸引力的展覽。台北市立美術館館藏超過400件的美術作品，包括日治（日據）時期多次入選「帝展」（日展的前身，是日本美術界的權威）的黃土水的雕刻作品及陳澄波的油畫作品等。

除了展覽之外，台北市立美術館也致力於美術學術研究及發掘人材等，主辦兩年一次的藝術活動「台北雙年展」、新生代藝術家的「台北美術獎」等。另外，在1樓的禮品店有銷售台灣藝術家設計的商品，是頗受歡迎的台灣伴手禮。星期六開放時間延長到晚上8點30分，還可以享受夜晚上美術館的樂趣。

住址：台北市中山區中山北路三段181號
最近的車站：捷運圓山站

100年の歴史がある国立台湾博物館／擁有百年歷史的國立台灣博物館

C 国立台湾博物館《こくりつたいわんはくぶつかん》

日本《にほん》統治《とうち》時代《じだい》から現在《げんざい》に至《いた》るまでの100年《ねん》以上《いじょう》もの間《あいだ》、博物館《はくぶつかん》として親《した》しまれてきた台《たい》湾《わん》でもっとも古《ふる》い公営《こうえい》博物館《はくぶつかん》。「二二八和平公園《ににはちわへいこうえん》」にある現在《げんざい》の建物《たてもの》は1915年《ねん》（大正《たいしょう》4年《ねん》）に完成《かんせい》したもので、当時《とうじ》の台湾総督《たいわんそうとく》児玉源太郎《こだまげんたろう》と民生長官《みんせいちょうかん》後藤新平《ごとうしんぺい》を記念《きねん》して建《た》てられました。館内《かんない》にはその2人《ふたり》の銅像《どうぞう》も展示《てんじ》されています。

台湾《たいわん》の歴史《れきし》や自然《しぜん》に関《かん》する10万《まん》点《てん》を超《こ》える所蔵品《しょぞうひん》があり、常設展《じょうせつてん》の「台湾生物展《たいわんせいぶつてん》」「台湾原住民《たいわんげんじゅうみん》展《てん》」では、台湾《たいわん》の生物《せいぶつ》や原住民《げんじゅうみん》の文化《ぶんか》や生活習慣《せいかつしゅうかん》に触《ふ》れられるほか、特別《とくべつ》展《てん》も台湾《たいわん》の歴史《れきし》や文化《ぶんか》に関《かん》するものが多《おお》く、普段《ふだん》とは違《ちが》った角度《かくど》で台湾《たいわん》について知《し》ることができます。それでいて入館料《にゅうかんりょう》はたった20元《げん》。恐竜《きょうりゅう》や三葉虫《さんようちゅう》の化石《かせき》が展示《てんじ》されているはす向《む》かいの分館《ぶんかん》「土銀展示館《どぎんてんじかん》」にも入《はい》れます。

住所《じゅうしょ》：台北市中正区襄陽《たいぺいしちゅうせいくじょうよう》路《ろ》2号《ごう》
最寄《もよ》り駅《えき》：MRT台大醫院駅《たいだいいいんえき》

國立台灣博物館

國立台灣博物館是台灣最具歷史的公營博物館，從日治（日據）時期到現在，陪伴不少民眾超過百年時間。位於「二二八和平公園」內的現存建築是為了紀念當時台灣總督兒玉源太郎及民生長官後藤新平而興建的，於1915年（民國4年）完工，館內還有這兩位的銅像。

有超過10萬件的館藏，如台灣歷史文物、生物標本等，而常設的「台灣生物展」及「台灣原住民展」可以了解台灣的生物及原住民文化、生活習慣等，另外特別展則與台灣歷史及文化相關的居多，能用跟平時不同的角度看到台灣的另一面。展示內容如此地豐富，門票卻只要20元而已，還可以參觀在斜對面的「土銀展示館」，在此處有展示恐龍、三葉蟲等化石。

住址：台北市中正區襄陽路2號
最近的車站：捷運台大醫院站

D　ふたつの芸術村《げいじゅつむら》

国内外《こくないがい》のアーティストが住《す》み込《こ》みで創作活動《そうさくかつどう》を行《おこな》う芸術村《げいじゅつむら》。台北市《たいぺいし》には台北駅《たいぺいえき》そばの台北国際《たいぺいこくさい》芸術村《げいじゅつむら》、公館《こうかん》エリアの宝蔵巌《ほうぞうげん》国際芸術村《こくさいげいじゅつむら》のふたつがあり、日本人《にほんじん》アーティストが入居《にゅうきょ》していたこともあります。展覧会《てんらんかい》だけでなく、セミナーや演劇《えんげき》の公演《こうえん》なども行《おこな》われ、アーティストとの交流《こうりゅう》もできます。

特《とく》に台北市《たいぺいし》の歴史建築《れきしけんちく》に指定《してい》されている宝蔵巌国際芸術村《ほうぞうげんこくさいげいじゅつむら》の方《ほう》では独特《どくとく》の雰囲気《ふんいき》の中《なか》でアートに触《ふ》れられます。戦後違法建築《せんごいほうけんちく》が次々《つぎつぎ》に立《た》てられた集落《しゅうらく》だった宝蔵巌《ほうぞうげん》は、市《し》が取《と》り壊《こわ》しを計画《けいかく》していました。しかし反対運動《はんたいうんどう》が起《お》こり、一部《いちぶ》取《と》り壊《こわ》された後《あと》に計画《けいかく》が棚上《たなあ》げされて補強工事《ほきょうこうじ》が行《おこな》われ、国際芸術村《こくさいげいじゅつむら》として生《う》まれ変《か》わったのです。ちょっと日本《にほん》では味《あじ》わえない不思議《ふしぎ》なスポットのひとつです。

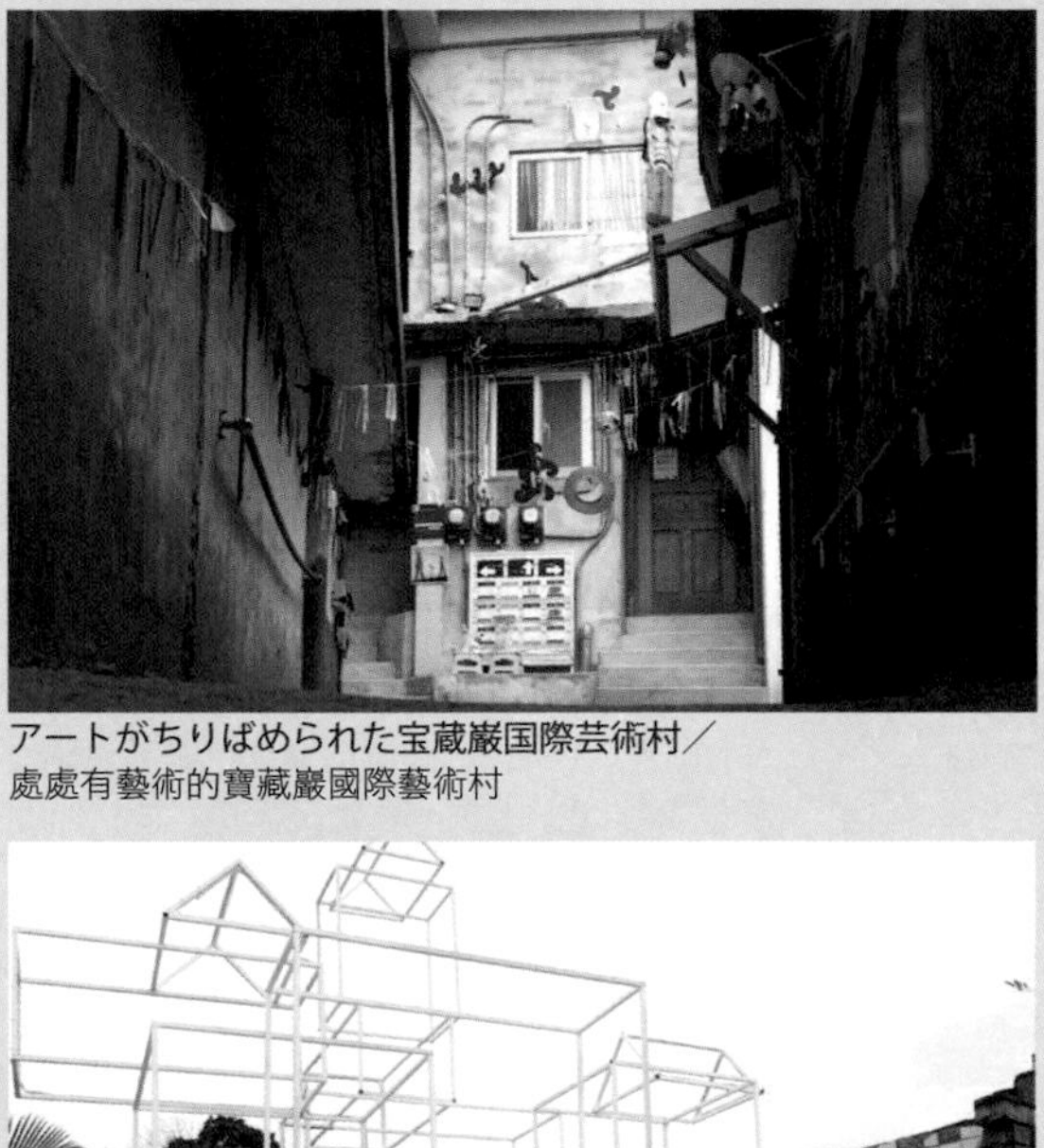
アートがちりばめられた宝蔵巌国際芸術村／
處處有藝術的寶藏巖國際藝術村

台北国際芸術村《たいぺいこくさいげいじゅつむら》
住所《じゅうしょ》：台北市中正区北平東路《たいぺいしちゅうせいくほくへいとうろ》7号《ごう》
最寄《もよ》り駅《えき》：MRT台北駅《たいぺいえき》

宝蔵巌国際芸術村《ほうぞうげんこくさいげいじゅつむら》
住所《じゅうしょ》：台北市中正区汀州路三段《たいぺいしちゅうせいくていしゅうろさんだん》230巷《こう》14弄《ろう》2号《ごう》
最寄《もよ》り駅《えき》：MRT公館駅《こうかんえき》

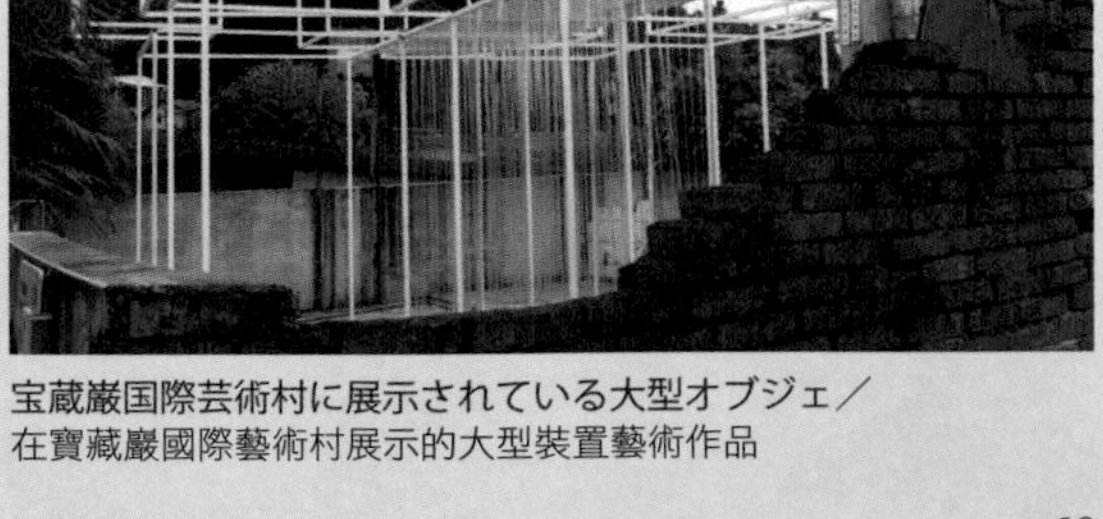
宝蔵巌国際芸術村に展示されている大型オブジェ／
在寶藏巖國際藝術村展示的大型裝置藝術作品

台北国際芸術村にはコーヒーショップもある／台北國際藝術村裡有咖啡廳

兩處藝術村

國內外藝術家進駐、從事創作活動的藝術村。台北市有兩處：台北車站附近的台北國際藝術村及位於公館商圈的寶藏巖國際藝術村，也曾有日籍藝術家進駐過。不僅有展覽，還有講座、舞台劇表演等，也可以跟進駐藝術家交流。

特別是被列為市定歷史建築的寶藏巖國際藝術村，能在獨特氛圍中享受藝術。寶藏巖是戰後陸續興建違章建築的聚落，市政府一度計劃要拆除，但是遭到抗議，部分建築被拆除後，決定暫緩拆除，進行修繕工程，而蛻變為國際藝術村。這是在日本可能無法體驗的神奇景點之一。

台北國際藝術村

住址：台北市中正區北平東路7號
最近的車站：捷運台北車站站

寶藏巖國際藝術村

住址：台北市中正區汀州路三段230巷14弄2號
最近的車站：捷運公館站

孫文《そんぶん》＆蒋介石《しょうかいせき》ゆかりのスポット

08/

台湾《たいわん》には「中山《ちゅうざん》」「中正《ちゅうせい》」と名《な》の付《つ》いた道路《どうろ》や施設《しせつ》が至《いた》る所《ところ》にあり、多《おお》くの市町村《しちょうそん》にある「中山路《ちゅうざんろ》」「中正路《ちゅうせいろ》」という通《とお》りは、だいたいその地域《ちいき》のメインストリートになっています。この「中山《ちゅうざん》」というのは、辛亥革命《しんがいかくめい》を起《お》こし、中華民国《ちゅうかみんこく》を建国《けんこく》した孫文《そんぶん》の号《ごう》で、台湾《たいわん》では「国父《こくふ》」の名《な》でも親《した》しまれています。また、「中正《ちゅうせい》」は約《やく》24年間《ねんかん》にわたって中華民国《ちゅうかみんこく》の総統《そうとう》を務《つと》め、台湾《たいわん》を統治《とうち》した蒋介石《しょうかいせき》の名《な》で、「介石《かいせき》」は字《あざ》です。台湾《たいわん》の至《いた》る所《ところ》にこの２人《ふたり》の銅《どう》像《ぞう》があり、かつて２人《ふたり》の誕生日《たんじょうび》も祝日《しゅくじつ》になっていました。週休二日制《しゅうきゅうふつかせい》の導入《どうにゅう》に伴《ともな》いこれらの祝日《しゅくじつ》は廃止《はいし》されましたが、今《いま》でも百元紙幣《ひゃくげんしへい》の肖像画《しょうぞうが》は孫文《そんぶん》、あまり流通《りゅうつう》していない二百元紙幣《にひゃくげんしへい》の肖《しょう》像画《ぞうが》は蒋介石《しょうかいせき》になっています。

北投にある蒋介石の銅像／在北投的蔣公銅像

そして台湾《たいわん》の近代史《きんだいし》を語《かた》る上《うえ》では外《はず》せないこの2人《ふたり》にゆかりのあるスポットは多数《たすう》あり、その代表格《だいひょうかく》とも言《い》えるのが、「国父紀念館《こくふきねんかん》」と「中正紀念堂《ちゅうせいきねんどう》」で、「台北《たいぺい》１０１」と並《なら》んで「台北市十大建築《たいぺいしじゅうだいけんちく》」にカウントされています。前者《ぜんしゃ》には孫文《そんぶん》の、後者《こうしゃ》には蒋介石《しょうかいせき》の高《たか》さ約《やく》6メートルの銅像《どうぞう》があり、その両脇《りょうわき》には衛兵《えいへい》が立《た》っています。この衛兵《えいへい》は1時間《じかん》おきに交代《こうたい》し、その儀式《ぎしき》が見《み》ものになっています。緑《みどり》の制服《せいふく》が陸軍《りくぐん》、白《しろ》の制服《せいふく》が海軍《かいぐん》、青《あお》の制服《せいふく》が空軍《くうぐん》の衛兵《えいへい》です。

このほか「士林官邸《しりんかんてい》」など、かつて非公開《ひこうかい》だった蒋介石《しょうかいせき》ゆかりのスポットも現在《げんざい》は一般《いっぱん》に公開《こうかい》されていて、台湾《たいわん》の歴史《れきし》の足《あし》あとを垣間見《かいまみ》ることができます。

08/ 與孫中山&蔣中正有關的景點

在台灣到處都有取名為「中山」或「中正」的道路及設施，不少城市鄉鎮的「中山路」、「中正路」，幾乎都成為該地區的主要道路。這「中山」的名稱是孫文的號，他是領導辛亥革命、建立中華民國的人物，在台灣大家都尊稱為「國父」；「中正」則是蔣中正的名，「介石」為字，是以中華民國總統的身分統治台灣約24年的人物。不僅在台灣各地都有這兩位的銅像，國父誕辰紀念日及蔣公誕辰紀念日也曾為國定假日，雖然全面實施週休二日後，這些紀念孫中山及蔣中正的國定假日變得只紀念不放假，但是新台幣流通紙鈔上還是有這兩位的肖像，如百元的國父像、比較少見的兩百元的蔣公像等。

談到台灣近代史就不能不提到的這兩位，和其有關的景點還不少，其中最具代表性的就是「國父紀念館」及「中正紀念堂」，同時也跟「台北１０１」一起並列為「台北市十大建築」。前者有孫中山的銅像，後者則有蔣中正的銅像，兩尊銅像都有約6公尺的高度，銅像旁則有衛兵站崗。其中每個整點都有的衛兵交接儀式，非常值得欣賞。順便一提，穿綠色軍服的是陸軍，白色是海軍，藍色則是空軍。

另外，「士林官邸」等跟蔣中正有關的地點，以前是不對外開放的，現在則有對外開放，在此些景點可見台灣的歷史軌跡。

A 国父紀念館《こくふきねんかん》

孫文生誕《そんぶんせいたん》100周年《しゅうねん》を記念《きねん》して作《つく》られた施設《しせつ》で、1972年《ねん》（昭和《しょうわ》47年《ねん》）に落成《らくせい》しました。中山公園内《ちゅうざんこうえんない》にある国父紀念館《こくふきねんかん》の建物《たてもの》の長《なが》さは、100周年《しゅうねん》にちなんでそれぞれ100メートルあり、館内《かんない》には銅像《どうぞう》のほか、孫《そん》文《ぶん》の革命《かくめい》に関《かん》する資料《しりょう》が展示《てんじ》されています。また、約《やく》2500人《にん》が収容可能《しゅうようかのう》な大《だい》ホール「大会堂《だいかいどう》」（大會堂《ダーホエイタン》）もあり、台湾《たいわん》アカデミー賞《しょう》（金馬獎《ジンマージャン》）の授賞式《じゅしょうしき》などの会場《かいじょう》としても利用《りよう》されています。

ここ数年《すうねん》は中国人観光客《ちゅうごくじんかんこうきゃく》も多《おお》く、記念品《きねんひん》もバラエティーに富《と》んでいて、孫文《そんぶん》だけでなく、蔣介石《しょうかいせき》や毛沢東《もうたくとう》をモチーフにしたものまであります。中国《ちゅうごく》と敵対関係《たいかんけい》にあり、戒厳令《かいげんれい》が敷《し》かれていた昔《むかし》ではちょっと考《かんが》えられないことです。また、台北《たいぺい》101がきれいに見《み》えることから、人気《にんき》の撮影《さつえい》スポットにもなっています。

住所《じゅうしょ》：台北市信義区仁愛路四段《たいぺいししんぎくじんあいろよんだん》505号《ごう》

最寄《もよ》り駅《えき》：MRT國父紀念館駅《こくふきねんかんえき》

かつてここで「NHKのど自慢」の収録が行われた／曾在這裡錄影過「NHK 揚聲歌唱」

國父紀念館

國父紀念館是紀念孫中山百年誕辰而興建的設施，於1972年（民國61年）完工。位於中山公園內的主體建築，為了百年誕辰而將四周長寬皆設為100公尺，館內除了有國父銅像之外，還有展示國父革命的相關資料。另外，有可容納約2500人的大廳「大會堂」，金馬獎頒獎典禮等都曾在此舉行。

這幾年來有不少中國觀光客到此參觀，紀念品的種類也相當豐富，除了國父之外，還有蔣中正、連毛澤東相關周邊商品都有。如果是在跟中國有敵對關係而實施戒嚴的那個時代，這是無法想像的。還有從這裡看到的台北101角度相當不錯，因此成為熱門的攝影景點。

住址：台北市信義區仁愛路四段505號

最近的車站：捷運國父紀念館站

B 中正紀念堂《ちゅうせいきねんどう》

1975年《ねん》(昭和《しょうわ》50年《ねん》)に死《し》去《きょ》した蔣介石《しょうかいせき》を偲《しの》んで作《つく》られた施《し》設《せつ》で、1980年《ねん》(昭和《しょうわ》55年《ねん》)に落成《らくせい》しました。館内《かんない》にある蔣介石《しょうかいせき》の銅像《どうぞう》は、故郷《こきょう》である中国《ちゅうごく》の方向《ほうこう》を向《む》いていて、享年《きょうねん》である89歳《さい》にちなんで、地上《ちじょう》から89段《だん》の階段《かいだん》が設《もう》けられています。

中正紀念堂《ちゅうせいきねんどう》は比較的新《ひかくてきあたら》しい建《たて》物《もの》ですが、歴史的《れきしてき》、文化的価値《ぶんかてきかち》があることから、国《くに》の重要文化《じゅうようぶんか》財《ざい》に指定《してい》されています。東京《とうきょう》ドーム5個分《こぶん》ほどある広大《こうだい》な敷地内《しきちない》には、ほかに「国家劇場《こっかげきじょう》」(國《グゥオ》家《ジャー》戲劇院《ジューユエン》)、「国家音楽《こっかおんがく》ホール」(國家音樂廳《グゥオジャーインユエティン》)などがあり、朝《あさ》早《はや》く足《あし》を運《はこ》ぶと、広場《ひろば》で太極拳《たいきょくけん》や体操《たいそう》などをしている人《ひと》たちを見《み》かけます。ちなみに台湾《たいわん》では広《ひろ》さを表《ひょう》現《げん》する際《さい》に、「中《ちゅう》正紀念堂何個分《せいきねんどうなんこぶん》」という言《い》い方《かた》をすることがあります。

住所《じゅうしょ》：台北市中正区中山南路《たいぺいしちゅうせいくちゅうざんなんろ》21号《ごう》
最寄《もよ》り駅《えき》：MRT中正紀念堂駅《ちゅうせいきねんどうえき》

衛兵交代の儀式が行われる建物／有衛兵交接儀式的主體建築

入母屋造の「国家音楽ホール」／歇山式屋頂的「國家音樂廳」

中正紀念堂

中正紀念堂主體建築是紀念於1975年（民國64年）逝世的蔣中正而興建的設施，於1980年（民國69年）完工。在館內的蔣中正銅像遙望的方向是他的故鄉——中國，而設有89階的階梯，表示蔣公享壽89歲。

中正紀念堂主體建築的歷史尚淺，但因有歷史、文化價值，而被列為國定古蹟。在東京巨蛋5個大小的園區內，還有「國家戲劇院」、「國家音樂廳」等。一大早到此，就會看到在廣場上練太極拳、做體操的民眾。順便一提，在台灣說明面積時有「相當於幾個中正紀念堂」的說法。

住址：台北市中正區中山南路21號
最近的車站：捷運中正紀念堂站

C　陽明山中山楼《ようめいざんちゅうざんろう》

国父紀念館《こくふきねんかん》と同《おな》じく、孫文生《そんぶんせい》誕《たん》１００周年《しゅうねん》を記念《きねん》して作《つく》られた施設《しせつ》で、台北市郊外《たいぺいしこうがい》の陽明山《ようめいざん》国家公園内《こっかこうえんない》に１９６６年《ねん》（昭和《しょうわ》41年《ねん》）に落成《らくせい》しました。硫黄《いおう》ガスが噴出《ふんしゅつ》しているため、温度《おんど》が高《たか》く、硬《かた》い地質《ちしつ》の部分《ぶぶん》もあるため、その建設《けんせつ》は困難《こんなん》を極《きわ》めたといいます。

神秘的《しんぴてき》な雰囲気《ふんいき》の漂《ただよ》う敷地内《しきちない》に足《あし》を踏《ふ》み入《い》れると、緑《みどり》の屋根《やね》と白《しろ》い壁《かべ》の独特《どくとく》の建物《たてもの》が目《め》に入《はい》ります。ちょうど百元紙幣《ひゃくげんしへい》の裏《うら》の図柄《ずがら》がこの陽明山中山楼《ようめいざんちゅうざんろう》になっているので、財布《さいふ》から取《と》り出《だ》してチェックしてみてください。

独特の雰囲気が漂う陽明山中山堂／有一股獨特氛圍的陽明山中山堂

また、館内《かんない》の１８００人収容可《にんしゅうようか》能《のう》な「中華文化堂《ちゅうかぶんかどう》」は、ほかではあまり見《み》られない独特《どくとく》な雰囲《ふんい》気《き》をかもし出《だ》しています。ただ、自由《じゆう》に参観《さんかん》できないので、１日《にち》４回《かい》ある定時館内《ていじかんない》ガイドツアーに申《もう》し込《こ》みしなければなりません。（当日申込可《とうじつもうしこみか》）

住所《じゅうしょ》：台北市北投区陽明路二段15号《たいぺいしほくとうくようめいろにだんごう》
最寄《もよ》りバス停《てい》：教師研習中心《きょうしけんしゅうちゅうしん》

陽明山中山樓

陽明山中山樓與國父紀念館相同，是為了紀念孫中山百年誕辰而興建的設施，位於台北市郊區的陽明山國家公園內，於１９６６年（民國55年）完工。據了解，因為有硫磺地熱逼人，部分土質也硬，而使興建工程相當艱鉅。

一踏入神祕的園區內，會看到綠色屋頂、白色外牆的獨特主體建築，剛好間百元紙鈔的背面圖案是陽明山中山樓，可以拿出錢包裡的百元鈔參考一下。館內可容納１８００人的「中華文化堂」，散發出在別處很少見到的獨特味道。不過不能自由參觀，必須參加每天固定開放的四個時段的導覽，當天登記即可。

住址：台北市北投區陽明路二段15號
最近的公車站：教師研習中心

D 士林官邸公園《しりんかんていこうえん》

士林《しりん》観光夜市《かんこうよいち》からほど近《ちか》いところにある士林官邸《しりんかんてい》は、１９５０年《ねん》（昭和《しょうわ》25年《ねん》）に落成《らくせい》した蒋介石《しょうかいせき》の官邸《かんてい》だったところで、40年《ねん》以《い》上《じょう》にわたって立《た》ち入《い》り禁止区域《きんしくいき》でした。その神秘《しんぴ》のベールのほとんどが、１９９６年《ねん》（平成《へいせい》8年《ねん》）にようやく取《と》り払《はら》われ、士林官邸《しりんかんてい》公園《こうえん》として一般《いっぱん》に開放《かいほう》されるようになり、市民《しみん》の憩《いこ》いの場《ば》となりました。さらに２０１１年《ねん》（平成《へいせい》23年《ねん》）に蒋介石夫婦《しょうかいせきふうふ》が暮《く》らしていた「正館《せいかん》」も一般公開《いっぱんこうかい》されました。ここでは2人《ふたり》の生活《せいかつ》ぶりがうかがえます。

広々《ひろびろ》とした敷地内《しきちない》には、礼拝《れいはい》堂《どう》などもありますが、見《み》どころはなんといっても至《いた》る所《ところ》で咲《さ》き誇《ほこ》る花々《はなばな》です。洋風庭園《ようふうていえん》、中国庭園《ちゅうごくていえん》のほかバラ園《えん》や温室《おんしつ》エリアもあり、9月《がつ》ごろに開催《かいさい》される蘭展《らんてん》や11月《がつ》ごろに開催《かいさい》される菊花展《きくかてん》は、多《おお》くの人《ひと》でにぎわいます。

住所《じゅうしょ》：台北市《たいぺいし》士林区《しりんく》福林路《ふくりんろ》60号《ごう》
最寄《もよ》り駅《えき》：MRT士林駅《しりんえき》

蒋介石夫婦が暮らしていた「正館」／昔日蒋公與蒋夫人的居處「正館」

士林官邸公園

位於離士林觀光夜市不遠處的士林官邸，是於１９５０年（民國39年）完工的蔣中正的官邸。40多年之久都被列為禁止進入的區域，於１９９６年（民國85年）終於揭開其神祕面紗，以士林官邸公園之名開放給民眾參觀，而成為市民的休閒場所。接著於２０１１年（民國１００年）蔣公與蔣夫人的居處——士林官邸「正館」也正式開放，在此可見這兩位的生活點滴。

寬大的園區內雖然有禮拜堂等建築，但是最值得欣賞的是燦爛奔放的花海，除了歐式花園、中式庭園，還有玫瑰園區、溫室盆栽區等。９月左右舉辦的蘭花展及11月左右的菊花展都是人潮洶湧。

住址：台北市士林區福林路60號
最近的車站：捷運士林站

夜市は庶民グルメの宝庫／夜市是小吃天堂

09/

夜市《よいち》で屋台《やたい》のハシゴ三昧《ざんまい》

台湾《たいわん》を語《かた》る際《さい》に「食《しょく》」を外《はず》すわけにはいきません。中《なか》でも夜市《よいち》は庶民《しょみん》グルメの宝庫《ほうこ》。日本《にほん》でもおなじみの「章魚焼《チャンユイシャオ》」（たこ焼《や》き）や「熱狗《ラーゴウ》」（ホットドッグ）などもあれば、台湾各地《たいわんかくち》の屋台料理《やたいりょうり》もあり、まるで年中無休《ねんじゅうむきゅう》の縁日《えんにち》のような雰囲気《ふんいき》です。

夜市《よいち》の営業時間《えいぎょうじかん》はだいたい夕方《ゆうがた》から12時《じ》ごろにかけてのところが多《おお》く、週末《しゅうまつ》や夜《よる》は多《おお》くの人《ひと》でにぎわうので、人《ひと》ごみが苦手《にがて》な人《ひと》は夕方《ゆうがた》の明《あか》るいうちに行《い》くのがベター。ただし、すべての屋台《やたい》が夕方《ゆうがた》から営業《えいぎょう》を始《はじ》めているとは限《かぎ》りません。行列《ぎょうれつ》のできる屋台《やたい》は、屋台《やたい》が出《で》てきてすぐが人《ひと》も少《すく》なく、狙《ねら》い目《め》です。といっても何《なん》度《ど》か通《かよ》って時間《じかん》を把握《はあく》しておく必要《ひつよう》がありますが。また、屋台料理《やたいりょうり》は食《た》べ歩《ある》きが可能《かのう》なものが多《おお》いですが、麺類《めんるい》などの屋台《やたい》はイスとテーブルが用意《ようい》されているところもあります。

夜市《よいち》では気《き》に入《い》った屋台《やたい》をハシゴしながらの食《た》べ歩《ある》きもいいですが、初心者《しょしんしゃ》は食《た》べたいものをチェックしながら、一度《いちど》夜市《よいち》をぐるっと回《まわ》ってみるのもいいでしょう。桃太郎《ももたろう》もオススメの屋台《やたい》を聞《き》かれることがよくありますが、これぱかりは個人《こじん》の好《この》みもあるので、実際《じっさい》に自分《じぶん》の舌《した》で確《たし》かめてもらわないことにはわかりません。また、行列《ぎょうれつ》ができている屋台《やたい》はハズレが少《すく》ないですが、たまに日本人《にほんじん》の口《くち》には合《あ》わないこともあるので、これも経験《けいけん》と夜市《よいち》を楽《たの》しんでください。

09/ 吃遍夜市的路邊攤

要談台灣，非談「食」不可。尤其夜市是小吃天堂，除了日本朋友熟悉的「章魚燒」、「熱狗」等之外，還有台灣各地的路邊攤小吃，簡直就是全年無休的廟會氣氛。

夜市的營業時間大概是從傍晚到晚上12點左右的居多，週末及晚上會有人潮，如果怕人多擁擠，趁還沒有天黑的傍晚去比較好，不過不一定每個攤子都是傍晚就出來做生意；而會排隊的人氣攤子，剛出來的時間點人潮比較少，比較適合去，不過要掌控攤子出來的時間，還是要去幾次才會知道。另外，夜市的路邊攤小吃，可以邊走邊吃的比較多，有的麵食攤位則提供桌椅讓客人使用。

在夜市邊逛邊吃自己喜歡的小吃也不錯，不過沒有去過夜市的人，建議先逛一圈看看有沒有自己想嚐試的小吃。桃太郎常被問推薦的攤子，但是因為每個人喜歡的口味都不同，最好自己去吃吃看才知道適不適合自己。另外，有排隊人潮的攤子很少會有不好吃的，但是偶爾也會有不合日本人口味的，不過這也是經驗，就當做逛夜市的另一個樂趣吧。

A 士林観光夜市《しりんかんこうよいち》

台北《たいぺい》で最大規模《さいだいきぼ》の夜市《よいち》で、大《おお》きくふたつのエリアに分《わ》けられます。駅《えき》の1番出口《ばんでぐち》を出《で》て信号《しんごう》を左《ひだり》に曲《ま》がった先《さき》にある「士林市場《しりんいちば》」は数年前《すうねんまえ》にリニューアルオープンされたばかり。地下《ちか》1階《かい》にはカキの卵《たまご》とじ「**蚵仔煎**《ウーアーチエン》」などの屋台料理《やたいりょうり》の店《みせ》が並《なら》び、平日《へいじつ》は午後《ごご》3時《じ》、金曜日《きんようび》と週末《しゅうまつ》は正午《しょうご》から営業《えいぎょう》しています。

もうひとつのエリアが駅《えき》の1番出口《ばんでぐち》をまっすぐいったところにある映画館一帯《えいがかんいったい》です。顔《かお》ぐらいの大《おお》きさのあるチキンカツ「**大**《ダー》**雞排**《ジーパイ》」、横浜中華街《よこはまちゅうかがい》で焼《や》き小籠包《しょうろんぽう》と呼《よ》ばれている「**生煎包**《シェンジエンバオ》」など、行列《ぎょうれつ》のできる屋台《やたい》も少《すく》なくありません。また、路地《ろじ》にはアクセサリーの店《みせ》やユニークなiPhoneのケースの店《みせ》などもあります。

なお、最寄《もよ》り駅《えき》は「士林駅《しりんえき》」ではなくひとつ手前《てまえ》の「劍潭駅《けんたんえき》」なので、お間違《まちが》えのないように。

最寄《もよ》り駅《えき》：MRT劍潭駅《けんたんえき》

多くの観光客でにぎわう「士林市場」／往往是觀光客聚集的「士林市場」

士林觀光夜市

士林觀光夜市是台北最具規模的夜市，可分為兩個主要範圍：一處是幾年前重新開幕的「士林市場」，是從捷運站1號出口出去，直走到紅綠燈再左轉過去的地方。地下1樓有蛋加蚵仔一起煎的「蚵仔煎」等小吃店，平日是下午3點、星期五及週末是中午開始營業。

另一處是電影院周邊一帶，是從捷運站1號出口出去直走的地方。有跟臉的大小一樣大的炸雞排「大雞排」、在橫濱中華街被稱為「燒小籠包」的「生煎包」等，不少攤子都看得到排隊人龍。另外，巷子裡有飾品店、有個性的iPhone外殼店等。提醒一下，離士林觀光夜市最近的捷運站並非「士林站」，而是前一站的「劍潭站」，不要弄錯哦。

最近的車站：捷運劍潭站

B 饒河街観光夜市《じょうかがいかんこうよいち》

台湾《たいわん》初《はつ》の観光夜市《かんこうよいち》とされ、全長約《ぜんちょうやく》600メートルの通《とお》りには300を越《こ》える屋台《やたい》やスイーツ、ドリンクなどの屋台《やたい》がずらりと並《なら》んでいます。道路《どうろ》の中央《ちゅうおう》に屋台《やたい》があるので、その両側《りょうがわ》を右側通行《みぎがわつうこう》で移動《いどう》しましょう。また、通《とお》りの両端《りょうたん》には衣料品《いりょうひん》や靴《くつ》、アクセサリーなどの店《みせ》も並《なら》んでいます。

この夜市《よいち》のオススメの屋台《やたい》は骨《ほね》付《つ》きあばら肉《にく》を漢方薬《かんぽうやく》のブレンドスープで煮込《にこ》んだ「薬燉排骨《ヤオドゥンパイグー》」、コショウの効《き》いた豚肉《ぶたにく》とネギがたっぷりの焼《や》き饅頭《まんじゅう》「胡椒餅《フージャオビン》」、そして鼻《はな》を突《つ》くようなきついにおいの「臭豆腐《チョウドウフー》」です。臭豆腐《チョウドウフー》のにおいが苦手《にがて》という方《かた》は臭豆腐《チョウドウフー》を焼《や》いた「炭烤臭豆腐《タンカオチョウドウフー》」からチャレンジしてみてはいかがでしょう。これが食《た》べられるようになれば、桃太郎《ももたろう》のように台湾《たいわん》の屋台《やたい》はほぼ難《なん》なく食《た》べられるようになりますよ。

最寄《もよ》り駅《えき》：台鐵《タイティエ》（国鉄《こくてつ》）松山駅《まつやまえき》

いつも長い行列のできる「胡椒餅」の屋台／總是大排長龍的「胡椒餅」的路邊攤

記念撮影スポットになっている饒河街観光夜市の入口／饒河街觀光夜市已成為拍照景點

饒河街觀光夜市

據説饒河街觀光夜市是台灣最早的觀光夜市，全長600公尺的街道上擺出超過300個攤子，包括小吃、甜點、飲料等。因為街道中間有攤子，得走在兩邊的右側。另外，街道左右還有服裝店、鞋子店、飾品店等。

在這條夜市推薦的小吃是把排骨加入中藥熬的「藥燉排骨」、有濃厚胡椒味和大量豬肉跟蔥內餡的燒餅「胡椒餅」、還有有刺鼻味道的「臭豆腐」。如果有人不太敢吃「臭豆腐」，先吃吃看「碳烤臭豆腐」。敢吃「臭豆腐」之後，應該跟桃太郎一樣，大部分台灣小吃都沒有問題了。

最近的車站：台鐵松山站

夜市発祥の地だとも言われている寧夏観光夜市／據說是台灣夜市發源地的寧夏觀光夜市

C 寧《ねい》夏《か》観光《かんこう》夜市《よいち》

夜市《よいち》の発祥地《はっしょうち》だとも言《い》われているところで、味《あじ》にこだわりを持《も》つ老舗《しにせ》も多《おお》く、屋台《やたい》が前身《ぜんしん》で店舗《てんぽ》を構《かま》えるようになった店《みせ》もあります。豚肉《ぶたにく》かけご飯《はん》「魯肉飯《ルーロウファン》」、鳥《とり》肉《にく》かけご飯《はん》「雞肉飯《ジーロウファン》」、豚《ぶた》レバースープ「豬肝湯《チューガンタン》」など昔《むかし》ながらの屋台《やたい》も多《おお》く、スイーツの屋台《やたい》などもあります。通《とお》りの東側《ひがしがわ》には屋台《やたい》が並《なら》び、西側《にしがわ》には店舗《てんぽ》が軒《のき》を連《つら》ねていて、その間《あいだ》をバイクや車《くるま》が通《とお》り抜《ぬ》けていくので、ちょっと注意《ちゅうい》が必要《ひつよう》です。

ここの名物《めいぶつ》はなんといっても屋台《やたい》のコースが楽《たの》しめる「辦《パン》桌《トー》」。1テーブル10人分《にんぶん》なので少《しょう》人数《にんずう》には不向《ふむ》きですが、屋台《やたい》の前《まえ》で並《なら》ぶ必要《ひつよう》もなく、クーラーもあるので、室内《しつない》でゆっくりと腰掛《こしか》けて屋台《やたい》に舌鼓《したつづみ》が打《う》てます。事前《じぜん》に予約《よやく》が必要《ひつよう》ですが、かなり先《さき》まで予約《よやく》でいっぱいのこともあります。

最寄《もよ》り駅《えき》：MRT雙連駅《そうれんえき》

寧夏觀光夜市

據說寧夏觀光夜市是台灣夜市的發源地，講究味道的老店也特別多，有些店家的前身是路邊攤。滷豬絞肉的飯「魯肉飯」、雞肉絲的飯「雞肉飯」、豬肝的湯「豬肝湯」等古早味小吃的攤子也很多，其中也有甜點的攤子。街道東側是路邊攤，西側則是店家林立，會有汽機車穿梭其間，所以要注意安全。

寧夏觀光夜市的最大特色是可以享受小吃大餐的「辦桌」。雖然10人1桌的料理不太適合少人數，但是不需要排隊，也有冷氣，可以在室內悠閒地坐著品嚐小吃的美味。雖然需要事先訂位，不過有時候也可能發生訂不到位子的情況。

最近的車站：捷運雙連站

D 公館《こうかん》夜市《よいち》

台湾《たいわん》大学《だいがく》のそばの公館《こうかん》エリアにあり、郊外《こうがい》のベッドタウンへ向《む》かうバスの乗《の》り換《か》え地点《ちてん》になっていることから、いつも学生《がくせい》や若《わか》い会社員《かいしゃいん》でにぎわう若者《わかもの》御用《ごよう》達《たし》の夜市《よいち》です。黒砂糖《くろざとう》のパールミルクティー「**黒糖粉圓鮮奶**《ヘイタンフェンユエンシエンナイ》」、もち米《ごめ》の腸詰《ちょうづ》めをふたつに割《わ》って台湾風《たいわんふう》ソーセージ「**香腸**《シャンチャン》」を

洋服の店も多い公館夜市／公館夜市賣衣服的店家也多

公館夜市

公館夜市位於台灣大學旁的公館商圈，因為是往郊區住宅區公車的換車地點，所以成為眾多學生及上班族聚會的年輕人御用夜市。據説有的小吃是創始於公館夜市的，如使用加黑糖的粉圓的「黑糖粉圓鮮奶」、糯米腸對切夾入台式「香腸」的台式熱狗「大腸包小腸」等。

不只是有可以邊走邊吃的小吃，也有超辣火鍋「麻辣鍋」，還有越南菜、泰國菜等異國料理，攜家帶眷或三五好友會在這些店熱鬧聚餐。另外，除了書店、二手書店之外，夜市一帶還有電影院、音樂展演空間、Pub等，這也是公館夜市的特色。其他還有個性飾品店、可以渡過悠閒時光的咖啡店等。

最近的車站：捷運公館站

はさんだ台湾風《たいわんふう》ホットドッグ「**大腸包小腸**《ダーチャンバオシアオチャン》」など、ここが発祥《はっしょう》だとも言《い》われている屋台料理《やたいりょうり》もあります。

歩《ある》き食《ぐ》いが可能《かのう》な屋台《やたい》だけでなく、激辛鍋《げきからなべ》「**麻辣鍋**《マーラーグウオ》」のほか、ベトナム、タイなどの異国料理《いこくりょうり》の店《みせ》などもあり、家族連《かぞくづ》れやグループでにぎわっています。また、書店《しょてん》や古本屋《ふるほんや》のほか映画館《えいがかん》、ライブハウス、パブなどが夜市《よいち》のエリアに点在《てんざい》しているのも特徴《とくちょう》です。ほかにも個性的《こせいてき》なアクセサリーの店《みせ》ややゆっくりくつろげるコーヒーの店《みせ》もあります。

公館夜市で有名な黒糖粉圓鮮奶の店／在公館夜市有名的黑糖粉圓鮮奶店

最寄《もよ》り駅《えき》：MRT公館駅《こうかんえき》

辦桌《パントー》

結婚式《けっこんしき》や縁日《えんにち》などのお祝《いわ》い事《ごと》があるときに道路《どうろ》や庭《にわ》、広場《ひろば》、廟《びょう》の前《まえ》などの屋外《おくがい》にテントを張《は》って円卓《えんたく》を並《なら》べてみんなで料理《りょうり》を食《た》べながら祝《いわ》う台湾独特《たいわんどくとく》のスタイル。その歴史《れきし》は古《ふる》く、清《しん》の時代《じだい》にまでさかのぼるといいます。料理《りょうり》は会場《かいじょう》に調理道具《ちょうりどうぐ》やプロパンガスなどを準備《じゅんび》して作《つく》る場合《ばあい》と出前《でまえ》を頼《たの》む場合《ばあい》があります。台北《たいぺい》の市街《しがい》地《ち》ではあまりみかけませんが、郊外《こうがい》ではたまに見《み》かけることがあります。

辦桌

辦桌是有結婚、廟會等喜事時，在馬路上、院子、廣場、廟前等戶外搭帳篷擺圓桌，大家一起吃飯慶祝的台灣獨特風俗習慣。其歷史悠久，據說是清朝時期就有這個習慣。料理方面，有的是在會場準備廚具及瓦斯桶等做外燴，有的是直接叫外面的。在台北市中心不太看得到，但是在郊區有時候會遇到。

台湾の夜市はいつもにぎやか／台灣的夜市什麼時候去都很熱鬧

10/

活気《かっき》あふれる伝統市場《でんとういちば》

日本《にほん》の田舎《いなか》の商店街《しょうてんがい》が「シャッター街《がい》」と揶揄《やゆ》されているのに対《たい》して、台湾《たいわん》の市場《いちば》は活気《かっき》にあふれています。「**超級市場**《チャオジーシーチャン》」（スーパーマーケット）と区別《くべつ》するために「**傳統**《チュアントン》**市場**《シーチャン》」（伝統市場《でんとういちば》）と呼《よ》ばれています。台北市《たいぺいし》だけでも公営《こうえい》の伝統《でんとう》市場《いちば》が50カ所《しょ》近《ちか》くあります。台湾《たいわん》でも量販店《りょうはんてん》が台頭《たいとう》していますが、安《やす》くて新鮮《しんせん》というイメージの強《つよ》い伝統市場《でんとういちば》を好《この》む人《ひと》も多《おお》く、日用品《にちようひん》はスーパーや量販店《りょうはんてん》、野菜《やさい》や果物《くだもの》は伝統市場《でんとういちば》でという使《つか》い分《わ》けをしている人《ひと》もいます。

朝《あさ》から始《はじ》まる「早市《ザオシー》」、夕方《ゆうがた》または午後《ごご》から始《はじ》まる「黄昏市場《ホアンフンシーチャン》」などもあり、アーケード街《がい》になっているところ、建物《たてもの》の中《なか》にあるところ、通《とお》りに露天商《ろてんしょう》が並《なら》ぶものもあります。肉《にく》、魚《さかな》、野菜《やさい》、果物《くだもの》などの食材《しょくざい》だけでなく、惣菜《そうざい》、日用《にちよう》品《ひん》などを扱《あつか》っている店《みせ》もあり、中

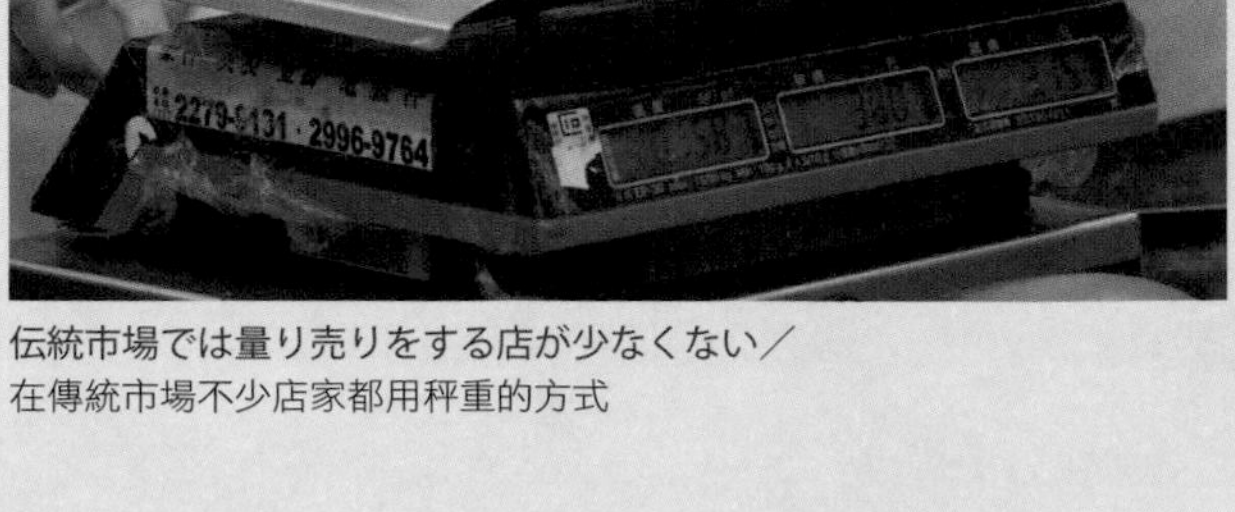

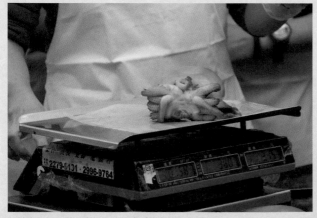

伝統市場では量り売りをする店が少なくない／
在傳統市場不少店家都用秤重的方式

には食事《しょくじ》ができるところもあります。

伝統市場《でんとういちば》では鳥肉《とりにく》がまるごと売《う》られていたり、豚《ぶた》の頭《あたま》が店頭《てんとう》に並《なら》んでいたりして、ちょっとビックリするかもしれません。以前《いぜん》はその場《ば》で鶏《にわとり》を絞《し》めてさばいていましたが、鳥《とり》インフルエンザが流行《りゅうこう》したことから、２０１３年《ねん》（平成《へいせい》25年《ねん》）に伝統市場《でんとういちば》での屠殺《とさつ》が禁止《きんし》されてしまいました。肉《にく》や魚《さかな》、野《や》菜《さい》などは量《はか》り売《う》りが多《おお》く、肉《にく》などは好《す》きな大《おお》きさに切《き》ってもらえます。また、端数《はすう》の切《き》り捨《す》てやネギなどのサービスも魅力《みりょく》のひとつになっています。

10/

充滿活力的傳統市場

相對於多數店家拉下鐵門不營業、被譏諷為「鐵門街」的日本鄉下商店街，台灣的傳統市場則充滿活力。為了跟「超級市場」區分，市場前面加個「傳統」。光是台北市就有將近50處公有市場。雖然在台灣也是量販店勢力大為抬頭，但是傳統市場有便宜、新鮮的形象，還是不少人喜歡光顧，也有的人各取所需，需要日用品時到超市或量販店，買蔬菜水果則選擇傳統市場。

傳統市場還有早上開始營業的「早市」，也有下午或傍晚開始營業的「黃昏市場」等，還可以分為有屋頂的、室內的、或在街上擺攤子的。除了魚肉蔬果等食材之外，也有賣熟食、日用品的店，其中也有可以吃飯的地方。

在傳統市場有賣一整隻雞或擺豬頭，所以有可能會被嚇到（因為在日本沒有）。以前在傳統市場當場宰活雞，但是因為禽流感的流行，在２０１３年（民國１０２年）政府實施傳統市場禁宰活禽加工。魚、肉、蔬菜等大多是秤重賣，肉品則由店家幫客人切成喜歡的大小。另外，結帳金額去尾數、免費送蔥等，也是傳統市場的魅力之一。

A　南門市場《なんもんいちば》

３００近《ちか》くの店舗《てんぽ》が入居《にゅうきょ》している台北《たいぺい》でも人気《き》の伝統市場《でんとういちば》のひとつ。ビルの地下《ちか》1階《かい》から2階までが伝統市場《でんとういちば》になっていて、地下《ちか》1階《かい》には新鮮《しんせん》な肉《にく》、魚《さかな》、野菜《やさい》、果物《くだもの》を扱《あつか》う店《みせ》がずらりと並《なら》び、買《か》い物《もの》カートを引《ひ》いて大量《たいりょう》に購入《こうにゅう》して行《い》く主婦《しゅふ》の姿《すがた》も見《み》かけます。中《なか》には日本《にほん》では見《み》かけない珍《めずら》しい魚《さかな》や野菜《やさい》もあります。

1階《かい》には惣菜《そうざい》、中華菓子《ちゅうかかし》、「**肉《ロウ》粽《ゾン》**」（中華《ちゅうか》ちまき）、乾物《かんぶつ》などの店《みせ》があり、老舗《しにせ》も少《すく》なくありません。惣菜《そうざい》は豚《ぶた》の角煮《かくに》「**東坡肉《トンポーロウ》**」など「浙江料理《せっこうりょうり》」がメインで、戦後《せんご》、中国《ちゅうごく》から台湾《たいわん》に渡《わた》ってきた店主《てんしゅ》も多《おお》く、本場《ほんば》中国《ちゅうごく》の味《あじ》がお持《も》ち帰《かえ》りできます。また、2階《かい》には日用品《にちようひん》の店《みせ》のほか、フードコートもあり、ベトナムのフォーや白菜《はくさい》と豚肉《ぶたにく》の鍋料理《なべりょうり》「**酸菜白肉鍋《スアンツァイバイロウグゥオ》**」などがあります。

住所《じゅうしょ》：台北市《たいぺいし》中正区《ちゅうせいく》羅斯福路《るーずべるとろ》一段《いちだん》8号《ごう》

最寄《もよ》り駅《えき》：MRT中正紀念堂駅《ちゅうせいきねんどうえき》

肉を切る南門市場の肉屋のおばさん／南門市場肉販的老板娘在切肉

南門市場

將近３００個攤位進駐的南門市場，在台北是相當受歡迎的傳統市場之一，位於大樓的地下１樓到２樓。在地下１樓有賣新鮮的魚肉蔬果的攤位聚集，有時會看到拉著購物車大量採購的家庭主婦。其中也有在日本沒看過的罕見魚類、蔬菜。

１樓則有賣熟食、糕餅、肉粽、乾物等，也有不少老店。熟食是以江浙菜為主，如燉豬肉而成的「東坡肉」等，不少老板是戰後從中國移民到台灣來的，所以可以外帶道地中國味的熟食。２樓除了有日用品之外，還有美食街，可以吃到越南河粉、白菜跟豬肉的火鍋「酸菜白肉鍋」等。

住址：台北市中正區羅斯福路一段８號

最近的車站：捷運中正紀念堂站

B 永楽市場《えいらくいちば》

台北《たいぺい》で布《ぬの》と言《い》えばここ。台湾最《たいわんさい》古《こ》の問屋街《といやがい》といわれる迪化街《てきかがい》の中《なか》にあり、日本統治時代《にほんとうちじだい》にここ一帯《いったい》が「永楽町《えいらくちょう》」と呼《よ》ばれていたことから、この名前《なまえ》がついています。当時近《とうじちか》くの大稲埕埠頭《だいとうていふとう》で棉《めん》、麻《あさ》、絹《きぬ》などの布《ぬの》が水揚《みずあ》げされるようになり、布《ぬの》の問屋街《といやがい》が形成《けいせい》されるようになりました。

2階《かい》、3階《かい》には100を越《こ》える布屋《ぬのや》があり、日本《にほん》から輸入《ゆにゅう》されたものや客家人《はっかじん》の間《あいだ》に伝《つた》わる牡《ぼ》丹《たん》の図柄《ずがら》の「**客家花布**《クアージャーホアーブー》」など、さまざまな布《ぬの》が売《う》られています。布《ぬの》の長《なが》さは基本的《きほんてき》に「**1碼**《マー》」単位《たんい》で販売《はんばい》されています。「**1碼**《マー》」は3フィートなので約《やく》90センチです。仕立《した》て屋《や》を兼《か》ねている店《みせ》もあり、背広《せびろ》を仕立《した》ててくれる店《みせ》などもあります。それからあまり知《し》られていませんが、踊《おど》り場《ば》の大《おお》きなスペースに祀《まつ》られている神様《かみさま》も必見《ひっけん》です。

住所《じゅうしょ》：台北市大同区迪化街一段《たいぺいしだいどうくてきかがいいちだん》21号《ごう》

最寄《もよ》り駅《えき》：MRT雙連駅《そうれんえき》

布だらけの永楽市場／整個永樂市場都是布料

永樂市場

提到布料，在台北非永樂市場莫屬。它位於據說是台灣最具歷史的批發商圈迪化街，日治（日據）時期永樂市場一帶叫做「永樂町」，因此有了這個名稱。當時進口的棉、麻、絲綢等布料在附近的大稲埕碼頭卸貨，而形成布料批發商圈。

2、3樓有超過100個攤位，有銷售日本進口的布料、客家人傳統牡丹花樣的「客家花布」等各種布料。原則上布料長度以「1碼」為單位銷售，「1碼」等於3英尺，大約是90公分。有些店家有提供代客剪裁加工，其中也有可以訂做西裝的店。另外，樓梯間的平台的大空間有供奉神明，這是很少人知道的必見之處。

住址：台北市大同區迪化街一段21號

最近的車站：捷運雙連站

C　士東市場《しとういちば》

南門市場《なんもんいちば》と並《なら》んで経済部《けいざいぶ》（経《けい》済産業省《ざいさんぎょうしょう》に相当《そうとう》）に最高《さいこう》ランクの「4つ星優良市場《ほしゆうりょういちば》」に認定《にんてい》された台北屈指《たいぺいくっし》の伝統市場《でんとういちば》。伝統市場《でんとういちば》ではほとんど見《み》かけないショッピングカートもあるほか、太陽光発電《たいようこうはつでん》などのエコにも取《と》り組《く》み、馬英九《ばえいきゅう》総統《そうとう》に「台湾《たいわん》で最《さい》高の市場《いちば》」と絶《ぜっ》賛《さん》されました。外国人《がいこくじん》の多《おお》い天母《てんぼ》エリアにあり、外国人《がいこくじん》の買《か》い物客《ものきゃく》も見《み》かけます。

約《やく》250の店舗《てんぽ》が入居《にゅうきょ》し、1階《かい》は肉《にく》、魚《さかな》、野菜《やさい》、果物《くだもの》がメイン、2階《かい》には日用品《にちようひん》のほかフードコートもあります。有機野菜《ゆうきやさい》、日本《にほん》やアジアの雑穀《ざっこく》や缶詰《かんづめ》、ごぼう巻《ま》きなどのさまざまな「甜不辣《テンブラー》」（台《たい》湾風《わんふう》サツマ揚《あ》げ）、ベジタリアン向《む》けの肉《にく》なし餃子《ぎょーざ》「素餃子《スージャオズー》」など個性的《こせいてき》な商品《しょうひん》を扱《あつか》う店《みせ》も多《おお》く、立《た》ち食《ぐ》いそばならぬ立《た》ち食《ぐ》い寿司《ずし》の店《みせ》などグルメに人気《にんき》の店《みせ》も少《すく》なくありません。

住所《じゅうしょ》：台北市士林区士東路《たいぺいししりんくしとうろ》100号《ごう》

最寄《もよ》り駅《えき》：MRT明徳駅《めいとくえき》またはMRT芝山駅《しばやまえき》

士東市場の立ち食い寿司の店／士東市場的站著吃壽司的店

士東市場

士東市場跟南門市場一樣被經濟部（相當於日本經濟產業省）評選為最高等級的「四星級優良市集」，是台北數一數二的傳統市場。除了有傳統市場幾乎沒有的提供客人手推車購物服務之外，也重視綠能環保，設置太陽能板發電等，曾被馬英九總統稱讚過，是「台灣最好的市場」。因位於外籍居民偏多的天母地區，也會遇到外國客人。

士東市場內有250個左右的攤位，1樓以魚肉蔬果為主，2樓除了有日用品之外，還有美食街。有機蔬菜、日本及亞洲各國的五穀雜糧及罐頭、牛蒡甜不辣等各種「甜不辣」、適合素食者的沒肉餃子「素餃子」等有著特色商品的店家居多，還有不是像日本那樣站著吃蕎麥麵，而是站著吃壽司的店等受饕客歡迎的店家也不少。

住址：台北市士林區士東路100號

最近的車站：捷運明德站或捷運芝山站

D 建国週末花市《けんこくしゅうまつはないち》

高架下《こうかした》の駐車場《ちゅうしゃじょう》のスペースを利用《りよう》して週末限定《しゅうまつげんてい》で開《ひら》かれる花市《はないち》。伝統市場《でんとういちば》にはカウントされませんが、30年以上《ねんいじょう》の歴史《れきし》があり、毎週数万人《まいしゅうすうまんにん》が足《あし》を運《はこ》んでいると言《い》われています。台北市《たいぺいし》や近郊《きんこう》の花《はな》農家《のうか》が産地直送《さんちちょくそう》の花《はな》や観葉植物《かんようしょくぶつ》を販売《はんばい》しているので、安《やす》くて新鮮《しんせん》なものが入手《にゅうしゅ》できます。

仁愛路《じんあいろ》と信義路《しんぎろ》の間《あいだ》の高架下《こうかした》には200を越《こ》える露店《ろてん》が並《なら》んでいます。天井《てんじょう》に赤《あか》い字《じ》で数字《すうじ》が書《か》いてあるので、広《ひろ》くてどこにいるのかわからなくなったら上《うえ》を見上《みあ》げて確認《かくにん》できます。コチョウランなど台湾《たいわん》で人気《にんき》の花《はな》のほか、サボテン、ハーブなどもあり、眺《なが》めているだけでも心《こころ》が和《なご》みます。また、種《たね》や肥料《ひりょう》などもあり、ガーデニングの買《か》い出《だ》しにも適《てき》しています。ただし植物《しょくぶつ》や種《たね》を日本《にほん》に持《も》ち帰《かえ》るには検疫《けんえき》が必要《ひつよう》なので御注意《ごちゅうい》を。

住所《じゅうしょ》：台北市《たいぺいし》信義路《しんぎろ》と仁愛路《じんあいろ》の間《あいだ》の建國南路《けんこくなんろ》の高架下《こうかした》

最寄《もよ》り駅《えき》：MRT大安森林公園《たいあんしんりんこうえん》駅《えき》

花がいっぱいの建国週末花市／好多花卉的建國假日花市

建國假日花市

利用高架下的停車空間營業的建國假日花市，並沒有被列為傳統市場，但是擁有30多年的歷史，據說每個週末有數萬人光顧。台北市及周邊地區的花農會擺攤銷售產地直送的花卉及觀葉植物等，可以買到又新鮮又便宜的東西。

它位於仁愛路跟信義路之間的高架下，有超過200多家的攤子聚集。萬一因為花市太大而不知道自己在哪裡，天花板上有紅色數字，可以抬頭確認。除了蝴蝶蘭等受台灣朋友歡迎的花卉之外，還有仙人掌、香草等，光是欣賞就心滿意足了。另外有銷售種子、肥料等，適合愛「拈花惹草」的朋友前往採買，但是要注意，把植物或種子帶進日本時則需要通過檢疫。

住址：信義路跟仁愛路之間的建國南路高架橋下

最近的車站：捷運大安森林公園站

きれいな花がずらりと並ぶ建国週末花市／
建國假日花市有各種漂亮的花卉

CHAPTER 02

桃太郎と楽しむ台湾ライフ
跟著桃太郎體驗台灣人的生活

01/

安《やす》くておいしい庶民《しょみん》グルメ！

台湾《たいわん》を語《かた》る上《うえ》で絶対《ぜったい》に外《はず》せないのが、「小吃《シャオチー》」と呼《よ》ばれる庶民《しょみん》グルメです。早《はや》い、安《やす》い、旨《うま》いの三《さん》拍子《びょうし》がそろったものが多《おお》く、その大半《たいはん》がお持《も》ち帰《かえ》りもできてとっても便利《べんり》。清《しん》の時代《じだい》に中国《ちゅうごく》から渡《わた》って来《き》た忙《いそが》しい開拓民《かいたくみん》向《む》けに、てんびん棒《ぼう》を担《かつ》いで売《う》られていたのがそのはじまりで、てんびんが次第《しだい》に廟《びょう》の縁日《えんにち》の屋台《やたい》に変《か》わっていったといわれています。さらに夜市《よいち》や町《まち》の食堂《しょくどう》でも食《た》べられるようになり、現在《げんざい》はデパートのフードコートのメニューにあったり、コンビニに陳列《ちんれつ》されていたりもします。

台湾人《たいわんじん》の生活《せいかつ》に溶《と》け込《こ》んだ「小《シャオ》吃《チー》」は、台湾各地《たいわんかくち》の土地柄《とちがら》やご当《とう》地《ち》の食材《しょくざい》を生《い》かしたものが多《おお》く、日本《にほん》の郷土料理的《きょうどりょうりてき》なものもあります。また、経済《けいざい》の発展《はってん》とともに全《ぜん》国区《こくく》で食《た》べられるようになったものも少《すく》なくなく、「蚵仔煎《ウーアーチェン》」のように昔《むかし》ながらの作《つく》り方《かた》にこだわっているもの、「肉粽《ロウゾン》」のように北部《ほくぶ》と南部《なんぶ》など場所《ばしょ》によって作《つく》り方《かた》などが微妙《びみょう》に異《こと》なるもの、「炭烤臭豆《タンカオチョウドウ》腐《フー》」のようにアレンジされたもの、「大腸包小腸《ダーチャンバオシャオチャン》」のように1970年代《ねんだい》の高度成長期《こうどせいちょうき》以降《いこう》新《あら》たに誕生《たんじょう》したものなどさまざまです。

日本《にほん》にないようなものも少《すく》なくなく、写真《しゃしん》だけ撮《と》って実際《じっさい》に口《くち》にしない日本人観光客《にほんじんかんこうきゃく》をよく見《み》かけますが、それは本当《ほんとう》にもったいない。桃太郎《ももたろう》に騙《だま》されたと思《おも》って、一度《いちど》チャレンジしてみてはいかがでしょうか。

01/

又便宜又好吃的小吃！

談起台灣時非提不可的就是叫做「小吃」的大眾美食，大部分的小吃都有迅速、便宜、好吃三大特色，而且多半都可以外帶，非常方便。台灣小吃的起源，據説是清朝時從中國到台灣來的移民天天忙著開墾務農，為了他們挑扁擔叫賣，就是小吃的開始，後來挑扁擔叫賣的人漸漸地在廟口擺攤賣小吃。之後小吃更擴及到夜市及小吃店，現在連在百貨公司的美食街或便利商店也有賣小吃。

已融入台灣人的生活中的「小吃」，以反映台灣各地的特色或當地食材的小吃居多，也有類似日本的鄉土料理。其中不少小吃隨著經濟發展，本來是當地人才吃得到的，現在在台灣各地都吃得到，種類五花八門，如遵循傳統作法的「蚵仔煎」、北部跟南部等依地區作法略有不同的「肉粽」、由原有的小吃變化出來的「炭烤臭豆腐」、１９７０年代的經濟成長期創造出來的「大腸包小腸」等。

不少小吃是日本沒有的，所以常看到只拍照實際上不敢吃的日本人，不過這樣不覺得很可惜嗎？就當做被桃太郎騙一次也好，試一下台灣小吃如何？

カキがたっぷり入った蚵仔煎／好多蚵仔的蚵仔煎

A 蚵仔煎《ウーアーチエン》（カキの卵《たまご》とじ）

カキの産地《さんち》である台南《たいなん》の安平《あんへい》が発祥《はっしょう》の地《ち》だという説《せつ》がある台湾風《たいわんふう》カキの卵《たまご》とじ「**蚵仔煎**《ウーアーチエン》」。今《いま》は台《たい》湾全土《わんぜんど》のどこででも食《た》べられるおなじみの**小吃**《シアオチー》として親《した》しまれています。新鮮《しんせん》なカキと白菜《はくさい》やレタスなどの野菜《やさい》をいっしょに炒《いた》め、仕《し》上《あ》げにさつまいも粉《こ》と卵《たまご》でとじるという作《つく》り方《かた》はどこもほとんど変《か》わりません。

台北《たいぺい》では「士林観光夜市《しりんかんこうよいち》」や「寧夏観光夜市《ねいかかんこうよいち》」が有名《ゆうめい》で、行《ぎょう》列《れつ》ができるところもあります。ちょっと夜市《よいち》は苦手《にがて》という人《ひと》には、デパートのフードコートでも食《た》べられるので、そちらもオススメです。

蚵仔煎

「蚵仔煎」的發源地據說是牡蠣的產地——台南安平。現在在台灣各地都吃得到，是受到民眾歡迎的小吃之一。新鮮的牡蠣跟白菜、萵苣等蔬菜一起炒後，再加番薯粉跟蛋煎成餅狀的作法，幾乎每個地方都一樣。

在台北「士林觀光夜市」及「寧夏觀光夜市」比較出名，有的店家甚至會大排長龍。如果不習慣在夜市吃東西，在百貨公司的美食街也吃得到蚵仔煎，建議去試一試。

臭豆腐初心者向けの炭烤臭豆腐／適合臭豆腐新手吃的炭烤臭豆腐

B 臭豆腐《チョウドウフー》

夜市《よいち》で鼻《はな》を突《つ》くようなにおいがする原因《げんいん》のひとつがこの「**臭豆《チョウドウ》腐《フー》**」。この発酵《はっこう》させた豆腐《どうふ》、もとは中国《ちゅうごく》の郷土料理《きょうどりょうり》でしたが、現在《げんざい》は台湾《たいわん》の至《いた》る所《ところ》で食《た》べられます。

台湾《たいわん》では油《あぶら》で揚《あ》げたものが主流《しゅりゅう》でしたが、最近《さいきん》は激辛《げきから》スープで煮《に》込《こ》んだ「**麻辣臭豆腐《マーラーチョウドウフー》**」や炭火《すみび》で焼《や》いた「**炭烤臭豆腐《タンカオチョウドウフー》**」などバリエーションも豊富《ほうふ》になりました。においがきつくて口《くち》にできないという日本人《にほんじん》も多《おお》いですが、そういう人《ひと》は、においが抑《おさ》えられた「**炭烤臭《タンカオチョウ》豆腐《ドウフー》**」にチャレンジしてみてはいかがでしょうか。

臭豆腐

有時候在夜市會聞到刺鼻的味道，其原因之一就是「臭豆腐」。這個讓它發酵的豆腐本來是中國的鄉土料理，但現在在台灣的任何地方都吃得到。

在台灣本來以炸的臭豆腐為主，最近有用麻辣湯煮的「麻辣臭豆腐」或炭烤的「炭烤臭豆腐」等，種類變得多樣化。因為味道太重，不少日本人不敢吃臭豆腐，但試著讓這些日本朋友挑戰味道比較淡的「炭烤臭豆腐」如何？

コンビニでおなじみの茶葉蛋／便利商店經典的茶葉蛋

C 茶葉蛋《チャイエダン》

台湾《たいわん》のコンビニのにおいが苦《にが》手《て》という日本人《にほんじん》もいますが、恐《おそ》らくその原因《げんいん》はこの「茶葉蛋《チャイエダン》」という卵《たまご》。ほとんどのコンビニには1950年代《ねんだい》に日本《にほん》で発売《はつばい》された東芝《とうしば》の電気釜《でんきがま》とそっくりな炊飯器《すいはんき》があり、その中《なか》で卵《たまご》が温《あたた》められているため、コンビニに入《はい》ると**茶葉《チャイエ》蛋《ダン》**のにおいがするのです。

茶葉《ちゃば》、香辛料《こうしんりょう》などを入《い》れた煮汁《にじる》に卵《たまご》を長時間《ちょうじかん》つけて味《あじ》をしみこませて作《つく》る**茶葉蛋《チャイエダン》**は、お弁当《べんとう》のおかずの定番《ていばん》にもなっています。コンビニではトングで夾《はさ》んでビニール袋《ぶくろ》に入《い》れて購入《こうにゅう》します。

茶葉蛋

有的日本人不習慣台灣便利商店的味道，罪魁禍首應該是叫做「茶葉蛋」的蛋。每家便利商店幾乎都有酷似1950年代在日本上市、東芝生產的電鍋，裡面有放蛋保溫，所以才會有茶葉蛋的味道。

茶葉蛋的作法是蛋跟茶葉、滷包等一起放在鍋子或電鍋裡熬煮，讓味道吃進茶葉蛋裡，常當成便當菜。在便利商店要買的話，用夾子夾起來再放在塑膠袋裡。

ひとつで二度おいしい大腸包小腸／一支就可享受兩次美味的大腸包小腸

D 大腸包小腸《ダーチャンバオシアオチャン》(中華《ちゅうか》ホットドッグ)

台湾《たいわん》の小吃《シアオチー》の中《なか》でも比較的《ひかくてき》新《あたら》しい「**大腸包小腸**《ダーチャンバオシアオチャン》」は、もち米《ごめ》の腸詰《ちょうづ》め「**糯米腸**《ヌオミイチャン》」をふたつに割《わ》って台湾風《たいわんふう》ソーセージ「**香腸**《シャンチャン》」などをはさんだ台湾風《たいわんふう》ホットドッグ。「公館夜市《こうかんよいち》」が発祥《はっしょう》の地《ち》だといわれています。

歩《ある》きながらでも食《た》べられるようにビニールに入《はい》っているので、そのまま中身《なかみ》を少《すこ》しずつ押《お》し出《だ》しながら、かぶりついて食《た》べるのがツウ。中《なか》にはコショウ味《あじ》、ワサビ味《あじ》など具《ぐ》の香腸《シャンチャン》の種類《しゅるい》が選《えら》べる屋台《やたい》もあります。また、だいたい「**香**《シャン》**菜**《ツァイ》」(コリアンダー、パクチー)を入《い》れるので、苦手《にがて》な人《ひと》は「**不要**《ブヤオ》**香菜**《シャンツァイ》」と事前《じぜん》に告《つ》げましょう。

大腸包小腸

台灣小吃裡歷史比較淺的「大腸包小腸」，是用糯米做的「糯米腸」對切再夾入台式「香腸」等的台式熱狗。據説發源地是「公館夜市」。

為了方便邊走邊吃，大腸包小腸是放在塑膠袋裡，內行人都會從塑膠袋底開始擠壓，慢慢地推出來吃。有的攤位可以選黑胡椒、芥末等口味的香腸。另外，通常會夾「香菜」，所以不太習慣的人可以先告知説「不要香菜」。

02/

麺類《めんるい》もご飯類《はんるい》もありますよ！

日本《にほん》ではうどんにおにぎり、ラーメンにチャーハンというのは定番中《ていばんちゅう》の定番《ていばん》です。ところが台湾《たいわん》で「麺類《めんるい》もご飯類《はんるい》もありますよ」という元気《げんき》な呼《よ》び込《こ》みの声《こえ》に惹《ひ》かれて、桃太郎《ももたろう》のようにひとりで食《しょく》堂《どう》に入《はい》って麺類《めんるい》とご飯類《はんるい》を同時《どうじ》に頼《たの》むと、「本当《ほんとう》に両方《りょうほう》食《た》べるのか」と店員《てんいん》さんに驚《おどろ》いたような顔《かお》をされることがあります。どちらも主《しゅ》食《しょく》でおかずがないということで、日本人《にほんじん》が麺類《めんるい》とご飯類《はんるい》をいっしょに食《た》べることに違和感《いわかん》を覚《おぼ》えるという台湾人《たいわんじん》は実《じつ》は少《すく》なくないのです。

とはいってもメニューに麺類《めんるい》とご飯類《はんるい》の両方《りょうほう》をそろえている店《みせ》も少《すく》なくありません。日本《にほん》だと何人《なんにん》かでご飯《はん》を食《た》べる際《さい》、誰《だれ》かが「ラーメン」と切《き》り出《だ》せば、たとえ牛丼《ぎゅうどん》が食《た》べたくてもラーメンにしてしまうことはよくあります。ところが台湾《たいわん》では自分《じぶん》の食《た》べたいものをハッキリ主張《しゅちょう》する人《ひと》が多《おお》いため、麺派《めんは》の人《ひと》もご飯派《はんは》の人《ひと》もいっしょに食事《しょくじ》が楽《たの》しめるように「**担仔《ダンザイ》麺《ミエン》**」（擔仔麵）の店《みせ》なのに「**魯《ルー》肉飯《ローファン》**」（滷肉飯）がメニューにあったり、中《なか》にはカレーの店《みせ》なのにパスタがあったりします。

また、牛肉麺《ぎゅうにくめん》の店《みせ》が軒《のき》を並《なら》べる「牛肉麺街《ぎゅうにくめんがい》」やおかゆの店《みせ》がずらりと並《なら》ぶ「おかゆ街《がい》」と呼《よ》ばれているエリアもあり、食《た》べくらべを楽《たの》しむ人《ひと》や自分《じぶん》のお気《き》に入《い》りの店《みせ》にしかいかない人《ひと》もいます。

02/

麵、飯都有！

在日本吃烏龍麵配飯糰、吃拉麵配炒飯都是黃金搭配，但是在台灣即使在店外聽到「麵、飯都有！」的爽朗叫聲，而像桃太郎一樣一個人進去店內點麵跟飯，有的店員會用驚訝的表情問：「真的兩個都吃嗎？」這是因為麵、飯都屬主食不是菜，所以真的不少台灣人對日本人把麵跟飯一起吃的行為覺得奇怪。

雖然如此，但是不少店家麵、飯都有賣。在日本幾個人要一起吃飯，當有人開口說「想吃拉麵」時，即使自己想吃牛丼也會跟著大家吃拉麵，這是常有的事。但是在台灣，大部分的人比較會清楚說出自己想吃的東西，所以為了讓想吃麵的人跟想吃飯的人都滿意，很多店家麵、飯都有賣。有的店明明是「担仔麵」（擔仔麵）的店，卻有賣魯肉飯（滷肉飯），甚至咖哩飯專賣店的菜單上有義大利麵。

另外，也有牛肉麵店密集的「牛肉麵街」、粥店林立的「粥街」等地方，有些人享受比較味道的樂趣，有些人則固定去自己喜歡的店吃。

A 炒麵《チャオミエン》 vs 炒飯《チャオファン》

台湾《たいわん》で麺類《めんるい》とご飯類《はんるい》の定番《ていばん》といえば、麺《めん》と具《ぐ》を炒《いた》めた「**炒麵**《チャオミエン》」（チャーメン）とご飯《はん》と具《ぐ》を炒《いた》めた「**炒飯**《チャオファン》」（チャーハン）でしょう。多《おお》くの街《まち》の食堂《しょくどう》のメニューには、「**炒麵**《チャオミエン》」と「**炒飯**《チャオファン》」の名前《なまえ》がずらりと並《なら》び、中華鍋《ちゅうかなべ》で豪快《ごうかい》かつ素早《すばや》く炒《いた》めて作《つく》ります。

シンプルな炒麵／簡單的炒麵

シンプルな炒飯／簡單的炒飯

もっともよく見《み》かけるのが「**肉絲炒麵**《ロウスーチャオミエン》」と「**肉絲炒飯**《ロウスーチャオファン》」。具《ぐ》は細《こま》切《ぎ》りの豚肉《ぶたにく》がメインです。このほか、牛肉《ぎゅうにく》がメインの「**牛肉炒麵**《ニョウロウチャオミエン》（**飯**《ファン》）」、小《こ》エビがメインの「**蝦仁炒麵**《シャーレンチャオミエン》（**飯**《ファン》）」、さまざまな具《ぐ》が入《はい》った「**什錦炒麵**《シージンチャオミエン》（**飯**《ファン》）」などがあり、だいたい数《すう》10元《げん》の小皿料理《こざらりょうり》「**小菜**《シャオツァイ》」といっしょに食《た》べます。

炒麵 vs 炒飯

在台灣，說到麵、飯中的經典，應該就是麵跟材料一起炒的「炒麵」及飯跟材料一起炒的「炒飯」吧。不少店家的菜單上都有密密麻麻的各種「炒麵」跟「炒飯」，廚師會用炒菜鍋既豪爽又迅速地炒製而成。

最常看到的是「肉絲炒麵」跟「肉絲炒飯」，材料以肉絲為主。其他還有以牛肉為主的「牛肉炒麵（飯）」、以蝦仁為主的「蝦仁炒麵（飯）」、有放各種材料的「什錦炒麵（飯）」等，通常跟一盤幾十塊的「小菜」一起吃。

B 冬粉《ドンフェン》vs油飯《ヨウファン》

夜市《よいち》や「伝統市場《でんとういちば》」でよく見《み》かけるのが、春雨《はるさめ》と野菜《やさい》などをいっしょに炒《いた》めた「冬粉《ドンフェン》」ともち米《ごめ》としいたけなどを蒸《む》した中華《ちゅうか》おこわ「油飯《ヨウファン》」です。なぜか両方《りょうほう》いっしょに売《う》っているところが多《おお》く、どちらも布《ぬの》をかぶせた大《おお》きな樽《たる》の上《うえ》に大《たい》量《りょう》に載《の》せてあり、裏返《うらがえ》しにしたビニールでガッツリつかんで入《い》れてくれます。

最近《さいきん》はデパートのフードコートでも見《み》かけますが、値段《ねだん》は若干高《じゃっかんたか》め。街《まち》の食堂《しょくどう》でも売《う》っているところもあります。また、「油飯《ヨウファン》」は赤《あか》ちゃんが満《まん》1カ月《げつ》の時《とき》に食《た》べる習慣《しゅうかん》もあります。

伝統市場の冬粉と油飯の屋台／在傳統市場賣冬粉跟油飯的攤販

撮影のため使い捨て食器に載せた冬粉／為了拍照盛在免洗盤上的冬粉

樽の上に大量に載せられた油飯／放在木桶上的大量油飯

冬粉vs油飯

在夜市或傳統市場常看到冬粉跟蔬菜等一起炒的「冬粉」，還有糯米跟香菇等一起蒸的中式糯米飯「油飯」。不知道為什麼通常有賣冬粉就有賣油飯，大大的木桶上鋪著布，布上再放置大量的冬粉或油飯，要賣時用反過來的塑膠袋抓冬粉或油飯，再放塑膠袋裡。

最近在百貨公司的美食街也有賣，不過價格稍微貴了一些，還有在小吃店也有賣。另外，小孩滿月時有吃油飯的習慣。

C 担仔麺《ダンザイミエン》 vs 魯肉飯《ルーロウファン》

台湾《たいわん》を代表《だいひょう》する庶民《しょみん》の麺類《めんるい》とご飯類《はんるい》といえば、「**担仔麺**《ダンザイミエン》」と「**魯肉**《ルーロウ》**飯**《ファン》」でしょう。どちらも量《りょう》が少《すく》ないので、ほかの料理《りょうり》といっしょに食《た》べるのが一般的《いっぱんてき》です。

「**担仔麺**《ダンザイミエン》」（擔仔麵）は台南《たいなん》の漁村《ぎょそん》でてんびん棒《ぼう》（＝**扁擔**《ベンダン》）を担《かつ》いで麺《めん》を売《う》っていた行商人《ぎょうしょうにん》が考案《こうあん》したとされています。また、「**魯**《ルー》**肉飯**《ロウファン》」（滷肉飯）は、昔《むかし》農村《のうそん》で豚《ぶた》を神様《かみさま》に供《そな》えた際《さい》、村《むら》のみんなでその肉《にく》を分《わ》けるには量《りょう》が少《すく》なすぎたため、肉《にく》を細《こま》かく切《き》って煮汁《にじる》で煮込《にこ》んで（＝**滷**《ルー》）ごはんにかけてみんなで食《た》べたのが始《はじ》まりだという説《せつ》もあります。どちらも庶民《しょみん》の生活《せいかつ》から生《う》まれた麺類《めんるい》とご飯類《はんるい》です。

卵とエビの入った担仔麺／
加了滷蛋跟蝦仁的担仔麵

小吃定番のご飯類といえば魯肉飯／
台灣經典的飯類小吃～魯肉飯

担仔麵 vs 魯肉飯

最能夠代表台灣大眾麵食及飯類的，應該是「担仔麵」跟「魯肉飯」吧。兩者都量少，所以通常會搭配其他菜一起吃。

「担仔麵」（擔仔麵）的由來，據說是台南的漁村挑扁擔賣麵的人所發明；而「魯肉飯」（滷肉飯）則有一說，在早期台灣農村以豬為供品祭拜神明時，因為祭拜的豬肉量太少而無法分給所有村民，因此把豬肉切成小丁滷過後再淋在飯上吃，聽說這就是魯肉飯的起源。兩者都是從老百姓日常生活所發展出來的麵食跟飯類。

D 牛肉麺街《ぎゅうにくめんがい》vsおかゆ街《がい》

台北《たいぺい》には麺類《めんるい》やご飯類《はんるい》の店《みせ》がずらりと並《なら》ぶ通《とお》りもあります。台北《たいぺい》駅《えき》の近《ちか》くの桃源街《とうげんがい》の「牛肉麺街《ぎゅうにくめんがい》」、復興南路二段《ふっこうなんろにだん》の「おかゆ街《がい》」です。おかゆ街《がい》は深夜《しんや》まで営業《えいぎょう》しているところも少《すく》なくありません。

今《いま》ではポピュラーな牛肉麺《ぎゅうにくめん》ですが、台湾《たいわん》では昔《むかし》は牛肉《ぎゅうにく》を食《た》べる習《しゅう》慣《かん》があまりなく、戦後《せんご》になってから普及《ふきゅう》したのだそうです。牛《うし》は農《のう》耕作業《こうさぎょう》を手伝《てつだ》ってくれるので、今《いま》でも牛肉《ぎゅうにく》は食《た》べないという人《ひと》は少《すく》なくありません。また、日本《にほん》では病院食《びょういんしょく》のおかゆも日常食《にちじょうしょく》として食《た》べ、日本《にほん》のホテルでは中華系《ちゅうかけい》の人《ひと》向《む》けにおかゆの朝食《ちょうしょく》を準備《じゅんび》しているところもあります。

牛肉たっぷりの牛肉麺／放了大量牛肉的牛肉麵

おかゆの店の芋がゆ／粥店的地瓜粥

牛肉麵街 vs 粥街

在台北也有賣麵或賣飯的店林立的街道。像台北車站附近的桃源街是「牛肉麵街」、復興南路二段是「粥街」。不少「粥街」的店家營業到深夜。

現在大家對牛肉麵都已經熟悉到不行。但是據說早期台灣比較沒有吃牛肉的習慣，是第二次世界大戰結束後才普及的。因為牛會幫忙耕田，所以現在不少人也不吃牛肉。另外，在日本病人才會吃的粥，在台灣則成為台灣人的日常飲食，有些日本飯店為了華人供應粥當早餐。

03/

屋台《やたい》でも楽《たの》しめる行事食《ぎょうじしょく》！

ひな祭《まつ》りといえばひなあられ、端午《たんご》の節句《せっく》といえばちまきを思《おも》い浮《う》かべる人《ひと》が多《おお》いのではないでしょうか。こうした季節折々《きせつおりおり》の行事《ぎょうじ》食《しょく》は台湾《たいわん》にもあります。ただ、台《たい》湾《わん》の暦《こよみ》は旧暦《きゅうれき》を使《つか》うことが多《おお》いので、例《たと》えば端午《たんご》の節句《せっく》にあたる「端午節《たんごせつ》」は新暦《しんれき》ではなく旧暦《きゅうれき》の5月《がつ》5日《いつか》になり、毎年《まいとし》だいたい6月《がつ》の上旬《じょうじゅん》か中旬《ちゅうじゅん》で、新暦《しんれき》とは1カ月《げつ》前後《ぜんご》ずれてしまうのもあります。

では春《はる》から順《じゅん》を追《お》ってみていきましょう。4月《がつ》の「清明節《せいめいせつ》」には「潤餅《ルンピン》」、6月《がつ》の「端午節《たんごせつ》」には「肉粽《ロウゾン》」、9月《がつ》の「中秋節《ちゅうしゅうせつ》」には「月餅《げっぺい》」や「烤肉《カオロウ》」、12月《がつ》の冬至《とうじ》には「湯圓《タンユエン》」（白玉団子《しらたまだんご》）、1月《がつ》の「尾牙《ウェイヤー》」には「割包《グアバオ》」や「潤餅《ルンピン》」、2月《がつ》の「元宵《ユエンシャオ》」には「元宵《ユエンシャオ》」（白《しら》玉団子《たまだんご》）を食《た》べます。

スーパーや量販店《りょうはんてん》、最近《さいきん》はコンビニなどでも、伝統行事《でんとうぎょうじ》の日《ひ》が近《ちか》づくと、こうした行事食《ぎょうじしょく》のコーナーが設《もう》けられたり、カタログ販《はん》売《ばい》が行《おこな》われたりします。また、これらの行事食《ぎょうじしょく》は、夜市《よいち》や屋台《やたい》などではだいたいいつでも手《て》に入《はい》ります。その場《ば》でイスに座《すわ》って食《た》べたり、歩《ある》きながら食《た》べたりでき、冬《ふゆ》でも夏《なつ》の風物詩《ふうぶつし》の「肉粽《ロウゾン》」、秋《あき》でも春《はる》の風物詩《ふうぶつし》の「潤餅《ルンピン》」が食《た》べられるので、伝統行事《でんとうぎょうじ》をイメージしながら食《た》べてみるのもいいですよ。

03/

在路邊攤也吃得到的應景食品！

提到日本女兒節，不少人會聯想到雛米果，端午節則是肉粽，在台灣也有像這樣的應景食品。不過在台灣過傳統節慶大多使用農曆，例如「端午節」並不是國曆5月5日，而是農曆5月5日，每年大約是在6月上旬或中旬，會跟國曆有一個月左右的差距。

那麼從春天開始看台灣的應景食品吧。4月的「清明節」要吃的是「潤餅」，6月的「端午節」則要吃「肉粽」，9月的「中秋節」是吃「月餅」或「烤肉」，12月的冬至是吃「湯圓」，1月的「尾牙」是吃「割包」或「潤餅」，2月的「元宵」是吃「元宵」。

各個傳統節慶腳步接近時，在超市、量販店，還有最近連便利商店都會另外設置應景食品區或以型錄訂購方式販賣應景食品。其實這些應節食品，平時去夜市或路邊攤大部分都可以買到。有的可以當場坐著吃，有的可以邊走邊吃，冬天也吃得到夏天應景的「肉粽」，秋天也吃得到春天應景的「潤餅」，邊吃應景食品邊想像傳統節慶也是種享受哦。

A 清明節《せいめいせつ》~潤餅《ルンビン》(生春巻《しょうはるま》き)

ご先祖様《せんでさま》のお墓参《はかまい》りをする4月5日《がついっか》の「清明節《せいめいせつ》」は、二十四節《にじゅうしせっ》気《き》のひとつにあたり、祝日《しゅくじつ》になっています。中国福建省出身《ちゅうごくふっけんしょうしゅっしん》のご先《せん》祖様《ぞさま》が多《おお》い台湾《たいわん》では、その風習《ふうしゅう》に倣《なら》ってこの日《ひ》に「**潤餅《ルンビン》**」を食《た》べる習慣《しゅうかん》があります。また、「**尾牙《ウェイヤー》**」にも食《た》べるところがあります。

薄《うす》い皮《かわ》にもやし、にんじんや卵《たまご》焼《や》きの千切《せんぎ》りなどを包《つつ》んで食《た》べます。**潤餅《ルンビン》**用《よう》の皮《かわ》は「伝統市場《でんとういちば》」などでも売《う》っているので、自分《じぶん》で作《つく》ることもできますが、夜市《よいち》や街角《まちかど》には、その場《ば》で**潤餅《ルンビン》**を作《つく》ってもらえる屋台《やたい》もあり、中《なか》には行列《ぎょうれつ》ができるところもあります。

カイワレたっぷりの潤餅／放了很多小豆苗的潤餅

清明節~潤餅

每年4月5日祭拜祖先的「清明節」，也是二十四節氣之一，是台灣的國定假日。台灣人的祖先多數為中國福建人，所以清明節時，有按照福建的習俗吃「潤餅」的習慣。有的地方「尾牙」的時候也會吃潤餅。

潤餅是以薄麵餅為皮，把豆芽菜、紅蘿蔔絲、蛋絲等材料包起來吃。做潤餅用的皮在「傳統市場」等地方也有賣，所以可以自己來動手做，坊間也有現做現賣的潤餅路邊攤，有的會大排長龍。

B 端午節《たんごせつ》～肉粽《ロウゾン》（中華《ちゅうか》ちまき）

日本《にほん》では五節句《ごせっく》のひとつにあたる「端午《たんご》の節句《せっく》」は、台湾《たいわん》では「端午節《たんごせつ》」と呼《よ》ばれ、祝日《しゅくじつ》になっています。旧暦《きゅうれき》の5月5日《がついつか》で、この日《ひ》にはドラゴンボートレースをしたり、「**肉粽**《ロウゾン》」を食《た》べたりします。

日本《にほん》のちまきのように甘《あま》い「**甜**《ティエン》**粽**《ゾン》」と呼《よ》ばれるものもありますが、ご飯《はん》と具《ぐ》を包《つつ》んだ「**肉粽**《ロウゾン》」（**鹹**《シエン》**粽**《ゾン》）の方《ほう》が多《おお》く、台湾《たいわん》の北部《ほくぶ》と南《なん》部《ぶ》で作《つく》り方《かた》が違《ちが》い、「**北部粽**《ベイブーゾン》」や「**南部粽**《ナンブーゾン》」のほか、客家人《はっかじん》の「**客**《カー》**家粽**《ジャーゾン》」などがあります。また、試《し》験《けん》の前《まえ》に**肉粽**《ロウゾン》を食《た》べる習慣《しゅうかん》もありますが、これは**肉粽**《ロウゾン》の「**粽**《ゾン》」と合《ごう》格《かく》するという意味《いみ》の「**中**《ゾン》」の発音《はつおん》が似《に》ているためです。

ピーナツの粉を付けて食べる南部粽／沾花生粉吃的南部粽

端午節～肉粽

在日本傳統五大節日之一的「端午之節句」，在台灣則叫做「端午節」，為台灣的國定假日。農曆5月5日端午節當天有舉辦龍舟競賽、吃「肉粽」的習慣。

有像日本粽子一樣甜的「甜粽」，但是飯跟餡料一起包的「肉粽」（鹹粽）比較多，台灣北部跟南部的作法不一，有分「北部粽」、「南部粽」，還有客家人的「客家粽」等。另外，也有考試之前吃「肉粽」的習慣，因為「粽」跟有上榜之意的「中」字諧音的關係。

C 中秋節《ちゅうしゅうせつ》～月餅《げっぺい》と烤肉《カオロウ》（バーベキュー）

日本《にほん》で月見《つきみ》をする9月《がつ》の満月《まんげつ》の夜《よる》は、台湾《たいわん》にもその習慣《しゅうかん》があります。月見《つきみ》をする「中秋節《ちゅうしゅうせつ》」と呼《よ》ばれる旧暦《きゅうれき》の8月《がつ》15日《にち》は、祝日《しゅくじつ》になっています。

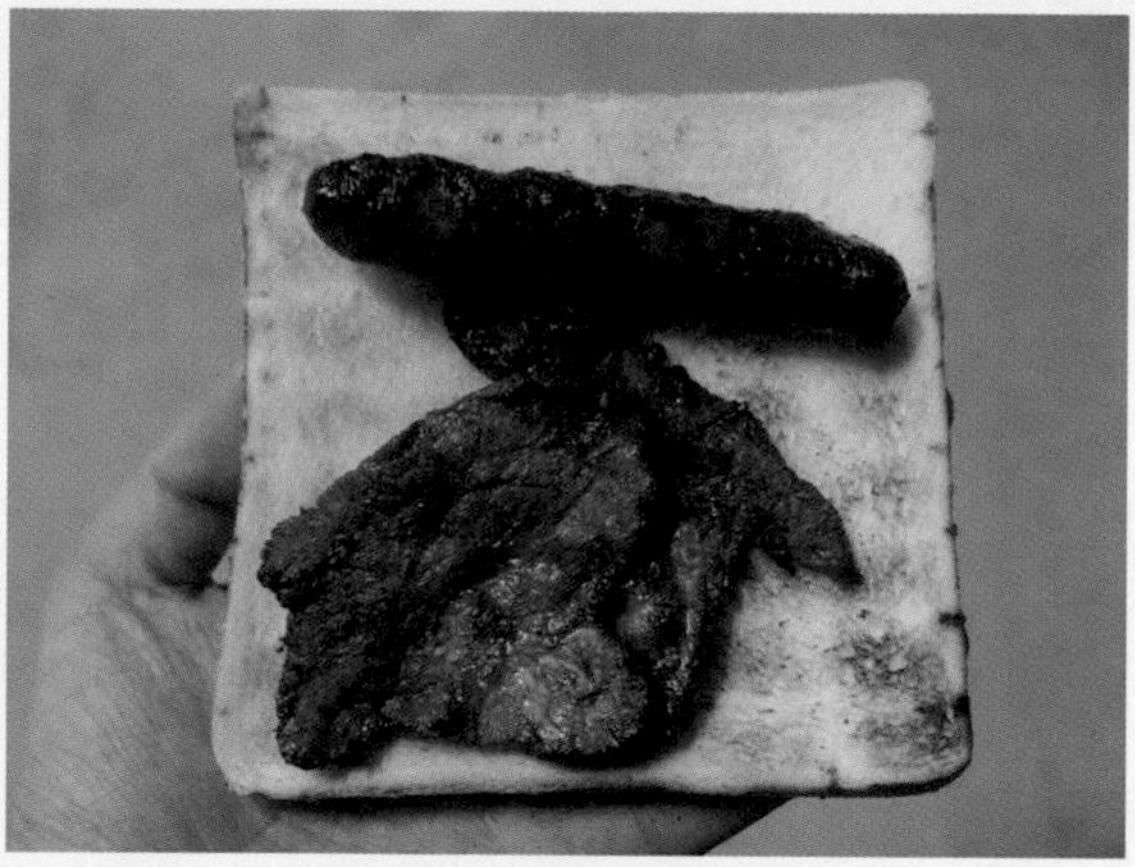

肉を食パンに挟んで食べるのが台湾流／把肉夾在吐司麵包吃才是台灣式吃法

もともとは丸《まる》い「月餅《げっぺい》」を食《た》べて月見《つきみ》をする習慣《しゅうかん》がありましたが、最近《さいきん》は「**烤肉**《カオロウ》」（バーベキュー）をしながら月見《つきみ》をするというのも定番《ていばん》になっています。焼肉《やきにく》のタレのコマーシャルが引《ひ》き金《がね》になったとか。それで中秋節《ちゅうしゅうせつ》が近《ちか》づくと、スーパーや量販《りょうはん》店《てん》などにバーベキュー用《よう》の道具《どうぐ》や食材《しょくざい》がずらりと並《なら》びます。その中《なか》には食《しょく》パンの姿《すがた》も。食《しょく》パンに肉《にく》や野菜《やさい》を夾《はさ》んで食《た》べるのが中秋節《ちゅうしゅうせつ》の台湾式《たいわんしき》バーベキューです。

中秋節～月餅與烤肉

9月的滿月之夜在日本有賞月的習慣，台灣也一樣。被稱為「中秋節」要賞月的農曆8月15日，是台灣的國定假日。

台灣本來有邊吃圓形「月餅」邊欣賞月亮的習慣，但現在邊烤肉邊賞月也變得很普遍。聽說是因為烤肉醬的廣告曾出現這樣的情景，才會有這個習慣。所以快到中秋節時，超市及量販店等的店內都會出現烤肉的工具跟食材，其中還會看到吐司麵包，因為中秋節的台式烤肉要在吐司裡夾肉或蔬菜吃。

D 尾牙《ウェイヤー》～割包《グァバオ》（中華《ちゅうか》ハンバーガー）

台湾《たいわん》では忘年会《ぼうねんかい》のことを「尾《ウエイ》牙《ヤー》」といいます。毎月旧暦《まいつききゅうれき》の2日と16日《にち》に「土地公《トゥーディーゴン》」と呼《よ》ばれる氏《うじ》神様《がみさま》にお供《そな》え物《もの》をして神様《かみさま》を拝《おが》む「做牙《ズオウヤー》」という習慣《しゅうかん》があります。一年《いちねん》で最後《さいご》（＝尾《ウエイ》）の「做牙《ズオウヤー》」が旧暦《きゅうれき》の12月《がつ》16日《にち》で、「尾牙《ウエイヤー》」といい、雇《やと》った社員《しゃいん》や店員《てんいん》の労《ろう》をねぎらうために、ごちそうを振《ふ》る舞《ま》うようになったのだそうです。

「尾牙《ウエイヤー》」には「割包《グァバオ》」（刈包）を食《た》べます。饅頭《まんじゅう》のような触感《しょっかん》の「割包《グァバオ》」に切《き》り目《め》を入《い》れて、その中《なか》に豚《ぶた》の角煮《かくに》や香菜《シャンツァイ》（コリアンダー、パクチー）などの具《ぐ》を入《い》れます。「公館夜市《こうかんよいち》」や「饒河街観光夜市《じょうかがいかんこうよいち》」には有名店《ゆうめいてん》もあります。

豚の角煮がたっぷり入った割包／大方放進滷五花肉的割包

尾牙～割包

台灣的忘年會叫做「尾牙」。台灣有農曆每月2日跟16日以供品祭拜神明——「土地公」的習慣，這就是「做牙」。而一年的最後一次「做牙」叫做「尾牙」，也就是農曆12月16日。為了慰勞自家員工或店員，尾牙當天以豐盛料理宴請員工的習慣就產生了。

「尾牙」當天會吃「割包」（刈包）：把和饅頭口感相同的「割包」對切，夾入滷五花肉、香菜等材料。在「公館夜市」跟「饒河街觀光夜市」都有賣割包的名店。

04/

フルーツ王国《おうこく》でスイーツ！

台湾《たいわん》はフルーツ王国《おうこく》。春《はる》は桃《もも》、ビワ、スターフルーツ、夏《なつ》はマンゴー、ライチ、パッションフルーツ、秋《あき》は梨《なし》、ザボン、キウイ、冬《ふゆ》はイチゴ、グレープフルーツなど、四季《しき》を通《とお》して安《やす》くておいしいフルーツがたくさんあります。また、パイナップル、パパイア、バナナ、スイカなどは一年《いちねん》を通《とお》して収穫《しゅうかく》されるため、夜市《よいち》のカットフルーツやフルーツジュースの定番《ていばん》にもなっています。最近《さいきん》はコンビニでもカットフルーツやバナナが手《て》に入《はい》るようになりました。

そのフルーツを使《つか》ったスイーツも見逃《みのが》せません。まずはドリンクの代表格《だいひょうかく》「**木瓜牛奶**《ムーグァニョウナイ》」（パパイアミルク）。屋台《やたい》やお店《みせ》でミキサーにかけて作《つく》ってもらえるものだけでなく、工場《こうじょう》で生産《せいさん》された紙《かみ》パック入《い》りのものもコンビニやスーパーなどの店頭《てんとう》に並《なら》んでいます。それからかき氷系《ごおりけい》のひんやりスイーツといえば、「**芒果冰**《マングゥオビン》」（マンゴーかき氷《ごおり》）や「**八宝冰**《バーバオビン》」などが人気《にんき》です。このほかドライフルーツもちょっとしたおやつとして親《した》しまれています。

最近《さいきん》はフルーツが味《あじ》わえるコーヒーショップも増《ふ》えてきています。その中《なか》でも特《とく》に女性《じょせい》に人気《にんき》なのがフルーツがセットになったワッフルです。台湾《たいわん》では夜市《よいち》、コンビニ、オシャレなコーヒーショップといろいろなところでさまざまなタイプのフルーツが楽《たの》しめます。

04/

在水果王國享受甜品！

台灣是個水果王國：春天有桃子、枇杷、楊桃，夏天則有芒果、荔枝、百香果，秋天是梨子、文旦、奇異果，冬天是草莓、葡萄柚等，一年四季都有又好吃又便宜的各種水果。鳳梨、木瓜、香蕉、西瓜等水果一整年都是產季，因此成為夜市的切片水果或果汁的主角。最近在便利商店也買得到切片水果及香蕉。

在台灣用這些水果做的甜品也非知道不可的：首先要介紹的是台灣飲品的代表「木瓜牛奶」，除了在路邊攤或店家用果汁機加牛奶打成的果汁之外，在便利商店及超市等還有賣工廠生產的紙盒裝木瓜牛奶。如果是冰涼甜品，「芒果冰」、「八寶冰」等比較受歡迎。此外還有果乾類，不少人當做零嘴來吃。

這幾年來，可以享受水果的咖啡店也有增加的趨勢。其中特別受女性歡迎的是水果鬆餅。在台灣，夜市、便利商店、時髦的咖啡店等地方都能享受不同類型的水果美味。

フルーツジュースの屋台／果汁的路邊攤

A フルーツジュース

新鮮《しんせん》なフルーツをミキサーにかけて作《つく》るフルーツジュース。さすがフルーツ王国《おうこく》だけあって、夜市《よいち》などに行《い》くと、数十種類《すうじっしゅるい》のメニューがある店《みせ》も少《すく》なくなく、中《なか》には苦瓜《にがうり》ジュースや、かぼちゃジュースなど日本《にほん》ではあまりお目《め》にかかれないものもあります。

また、バリエーションも豊富《ほうふ》で、「**木瓜牛奶**《ムーグアニョウナイ》」（パパイアミルク）のようにフルーツに牛乳《ぎゅうにゅう》を加《くわ》えたもののほか、ヨーグルトを加《くわ》えた「**優酪**《ヨウラオ》」、ハチミツを加《くわ》えた「**蜂蜜**《フォンミー》」などもあります。屋台《やたい》だけでなく、チェーン店展開《てんてんかい》している店《みせ》もあります。

果汁

台灣果然不愧擁有水果王國的美名，居然用果汁機將新鮮水果製成的現打果汁。到了夜市等地方，不少店家都有幾十種的果汁，其中也有苦瓜汁、南瓜汁等在日本很少看到的飲料。

另外，果汁的種類變化豐富，像「木瓜牛奶」是水果加了牛奶的，還有加優酪乳的「優酪果汁」、加蜂蜜的「蜂蜜果汁」等。有賣現打果汁的，除了路邊攤之外，還有連鎖店等。

B かき氷《ごおり》

「**芒果冰**《マングォビン》」（マンゴーかき氷《ごおり》）ですっかり有名《ゆうめい》になってしまった台湾《たいわん》のかき氷《ごおり》。マンゴーをふんだんに使《つか》ったかき氷《ごおり》の店《みせ》は、発祥地《はっしょうち》の永康街《えいかんがい》だけでなく、最近《さいきん》は東区《ひがしく》エリアなどにもオシャレな店《みせ》がオープンしています。

台湾《たいわん》のかき氷《ごおり》の特徴《とくちょう》はトッピング。マンゴーかき氷《ごおり》だけでなく、「**八宝冰**《バーバオ》」なども台湾人《たいわんじん》には人気《にんき》があります。「八宝菜《バーバオツァイ》」という中《ちゅう》華料理《かりょうり》がありますが、「**八宝**《バーバオ》」には8種類《しゅるい》またはいろいろという意《い》味《み》があり、タピオカやあずきなどいろいろなトッピングがかき氷《ごおり》の上《うえ》に載《の》っています。

人気のマンゴーかき氷／受歡迎的芒果冰

トッピングが豊富なかき氷／料豐富的剉冰

剉冰

台灣剉冰（刨冰）以「芒果冰」最為知名。使用大量芒果製作芒果冰的冰店，除了發源地永康街之外，最近在東區等地也出現了很時髦的店。

台灣剉冰的特色是放在冰上的料。除了芒果冰之外，「八寶冰」等也受台灣人的歡迎：有一種中國菜叫「八寶菜」，這「八寶」有八種或多種的意思，八寶冰上放有粉圓、紅豆等各種材料。

C ワッフル

女性に人気のイチゴワッフル／受女性歡迎的草莓鬆餅

最近《さいきん》台湾《たいわん》で若《わか》い女性《じょせい》に人気《にんき》のスイーツが、フルーツとセットになった「ワッフル」です。イチゴをはじめ、キウイ、バナナ、サクランボなどのフルーツがクリームやアイスといっしょにワッフルに添《そ》えられ、店《みせ》によってそのバリエーションはさまざまです。

人気店《にんきてん》はどの時間帯《じかんたい》も満席《まんせき》になっていることが多《おお》く、特《とく》に混《こ》み合《あ》う食事時《しょくじどき》にはかなり待《ま》たなければならないところもあります。そんな人気店《にんきてん》の狙《ねら》い時《どき》は開店《かいてん》してすぐの時間帯《じかんたい》。ただ時間制限《じかんせいげん》がある店《みせ》もあるので、人気店《にんきてん》ではあまりのんびりできないこともあります。

鬆餅

這幾年來在台灣，特別受年輕女性歡迎的是水果鬆餅：鬆餅搭配草莓、奇異果、香蕉、櫻桃等水果及奶油、冰淇淋，每家店都有不同的搭配方式。

幾乎任何時段都客滿的人氣店家，尤其是用餐的尖峰時間，有的店家要等很久才能進到店內。要到這樣的店就得選擇剛開店沒多久的時間，而且有的店家有時間限制，所以人氣店家當中也有不太能慢慢享受的。

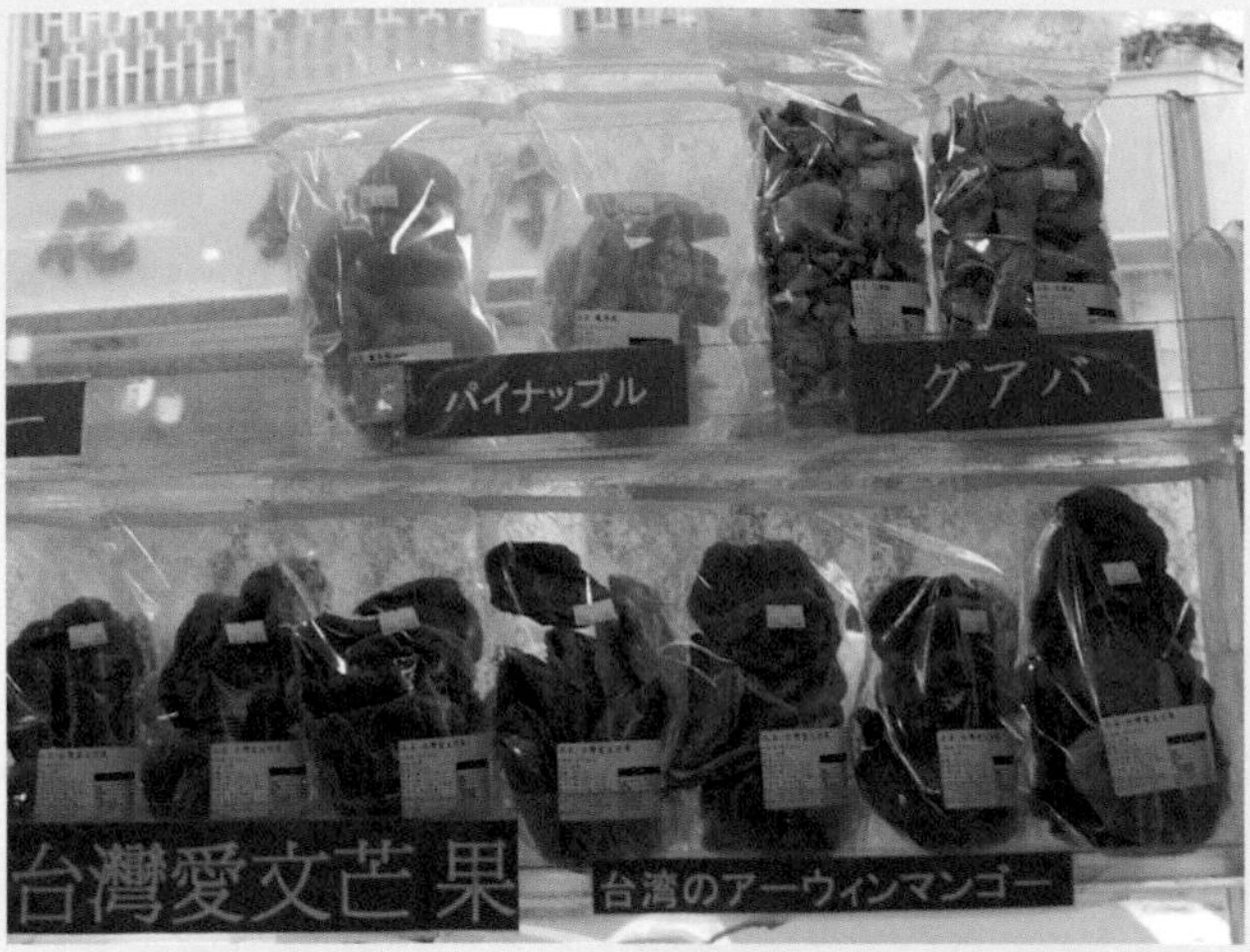

迪化街のドライフルーツ／迪化街的果乾類

D ドライフルーツ

フルーツを乾燥《かんそう》させたドライフルーツ。台湾《たいわん》はその種類《しゅるい》も豊富《ほうふ》で、ドライマンゴーをはじめ、さまざまなものがあります。ちょっと日《に》本人《ほんじん》にあまりなじみのない「**情人**《チンレン》**果乾**《グゥオチエン》」というのもあります。これは台湾産《たいわんさん》の青《あお》いマンゴーを乾燥《かんそう》させたドライフルーツのことで、ちょっと酸《さん》味のある甘《あま》さが人気《にんき》です。

ドライフルーツで有名《ゆうめい》なのが乾《かん》物《ぶつ》やお茶《ちゃ》の問屋街《といやがい》がずらりと並《なら》ぶ「迪化街《てきかがい》」で、試食《ししょく》できるところもあります。また、コンビニやスーパーなどでも袋入《ふくろい》りのものが売《う》っていたりします。

果乾類

在台灣使水果脱水、乾燥的果乾類種類很豐富，如芒果乾等。其中也有日本人比較不熟悉的「情人果乾」，是以台灣土芒果製作而成，其酸甜口味頗受歡迎。

南北貨、茶葉的批發商林立的「迪化街」也以販賣果乾類聞名，有些店家提供試吃，還有在便利商店也有賣包裝好的果乾類商品。

05/

贈《おく》り物《もの》にも最適《さいてき》な中華菓子《ちゅうかかし》！

日本《にほん》の和菓子《わがし》のように、台湾《たいわん》にも庶民《しょみん》の文化《ぶんか》に溶《と》け込《こ》んでいる伝統的《でんとうてき》なお菓子《かし》があります。「**糕《ガオ》餅《ビン》**」と呼《よ》ばれる中華菓子《ちゅうかかし》です。お米《こめ》、小麦《こむぎ》、豆類《まめるい》などをすりつぶしたものに水《みず》や卵《たまご》などを加《くわ》えて練《ね》り、それを蒸《む》したり焼《や》いたりして作《つく》ります。台湾《たいわん》みやげとして人気《にんき》の高《たか》い「**鳳梨酥《フォンリースー》**」（パイナップルケーキ）のように中《なか》に「あん」が入《はい》ったものもあり、甘《あま》いものが比《ひ》較的多《かくてきおお》いですが、しょっぱいものもあります。

「**糕餅《ガオビン》**」は季節《きせつ》の行事《ぎょうじ》や子《こ》どもの成長《せいちょう》を祝《いわ》う儀式《ぎしき》、結婚式《けっこんしき》などの冠婚葬祭《かんこんそうさい》に関《かか》わりが深《ふか》く、例《たと》えば「月餅《げっぺい》」は「中秋節《ちゅうしゅうせつ》」の贈答品《ぞうとうひん》や結婚式《けっこんしき》の引《ひ》き出物《でもの》などとしても親《した》しまれています。それで清《しん》の時代《じだい》や日本統治時代《にほんとうちじだい》に創業《そうぎょう》した**糕餅店《ガオビンてん》**の老舗《しにせ》も少《すく》なくなく、中《なか》には店内《てんない》に**糕餅《ガオビン》**を作《つく》る道具《どうぐ》を展示《てんじ》しているところや、**糕餅《ガオビン》**文化《ぶんか》をより多《おお》くの人《ひと》に知《し》ってもらおうと「**糕餅《ガオビン》**博物館《はくぶつかん》」を開館《かいかん》したところもあります。

最近《さいきん》は西洋化《せいようか》が進《すす》み、引《ひ》き出物《でもの》も月餅《げっぺい》ではなく、クッキーなどの洋風《ようふう》のものが好《この》まれるようになってきているようです。こうした**糕《ガオ》餅《ビン》**離《はな》れを食《く》い止《と》めようと、新《あら》たな商品《しょうひん》の開発《かいはつ》も進《すす》んでいます。パイナップルケーキの「あん」にイチゴを加《くわ》えた「**草莓鳳梨酥《ツァオメイフォンリースー》**」や「あん」自体《じたい》をイチゴに入《い》れ替《か》えた「**草莓酥《ツァオメイスー》**」などがその好例《こうれい》でしょう。

糕餅店の一角に展示されている糕餅を作る道具／糕餅店內擺設的做糕餅的器具

05/

適合當伴手禮的糕餅！

在台灣也有像日本的和菓子那樣，融入生活文化的傳統糕點——「糕餅」。由米、小麥、豆類等磨成細粉後，加入水、蛋等揉成麵糰，或蒸或烤製作而成。糕餅有的內有餡，如當台灣伴手禮相當受歡迎的「鳳梨酥」，口味以甜的居多，但是也有鹹的。

「糕餅」往往跟歲時祭儀、慶祝小孩成長、結婚等婚喪喜慶結合，例如「月餅」常常當「中秋節」禮品或喜餅等，所以清朝、日治（日據）時代開業的老字號糕餅店也不少，有的店內擺設做糕餅的器具，甚至有的店家為了推廣糕餅文化特別設立「糕餅博物館」。

近年來飲食文化西化，像喜餅，似乎越來越多人不選月餅形式，而有選擇餅乾等西式喜餅傾向。為了阻止類似的糕餅邊緣化，有些店家開發新商品，像鳳梨酥的內餡加了草莓的「草莓鳳梨酥」，或乾脆把所有內餡改成草莓的「草莓酥」是最好的例子。

引き出物用の大きな月餅／當喜餅的大月餅

A 月餅

台湾《たいわん》の庶民文化《しょみんぶんか》と深《ふか》い関《かか》わりのある「月餅《げっぺい》」。結婚式《けっこんしき》の引《ひ》き出物《でもの》でおなじみの顔《かお》ぐらいの大《おお》きさのもの、手《て》のひらサイズのもの、おまんじゅうみたいなものと大《おお》きさはさまざまで、リョクトウ、ナツメ、卵《たまご》の黄身《きみ》などが中《なか》に入《はい》っているものが多《おお》いです。

健康志向《けんこうしこう》の高《たか》まりから、最近《さいきん》はカロリーを押《お》さえたものも増《ふ》えてきています。また、中秋節《ちゅうしゅうせつ》が近《ちか》づくと、**糕餅**店《ガオビンてん》やケーキ屋《や》だけでなく、高級《こうきゅう》ホテルやレストランもオリジナル月餅《げっぺい》の予約《よやく》の受付《うけつけ》を始《はじ》めます。中《なか》にはアイスの入《はい》ったひんやり月餅《げっぺい》などもあり、中秋節前後《ちゅうしゅうせつぜんご》は普段《ふだん》味《あじ》わえない月餅《げっぺい》が楽《たの》しめます。

月餅

「月餅」和台灣的生活文化息息相關。月餅有各種大小，如和臉一般大小用來當喜餅的、手掌大小的、像日式饅頭大小的等。內餡則以綠豆、棗泥、蛋黃等居多。

因為越來越多人開始重視健康，不少業者最近推出低卡路里的月餅。另外，迎接中秋節到來之際，不只是糕餅店及蛋糕店，連高級飯店及餐廳都推出自家月餅，開始接受預約。其中也有冰淇淋內餡的冰月餅等，中秋節時分可以享受平時吃不到的月餅。

台湾みやげの定番のパイナップルケーキ／
台灣經典伴手禮之一～鳳梨酥

B パイナップルケーキ

台湾《たいわん》みやげの定番《ていばん》といえばコレ。比較的新《ひかくてきあたら》しい「**糕餅**《ガオピン》」で、登《とう》場《じょう》したのは1970年代《ねんだい》だといわれています。以前《いぜん》は「あん」にトウガンを使《つか》ったものが多《おお》かったのですが、最近《さいきん》は台湾産《たいわんさん》の「ホンモノ」のパイナップルを使《つか》ったものも増《ふ》えてきました。有名店《ゆうめいてん》の中《なか》には、東京《とうきょう》に支店《してん》を出《だ》したところもあります。

パイナップルには「運《うん》がよくなる」という意味《いみ》があり、パイナップルケーキも縁起物《えんぎもの》として好《この》まれています。また、2006年《ねん》から毎年台北《まいとしたいぺい》でパイナップルケーキのコンテストが開《ひら》かれるようになり、洋菓子店《ようがしてん》やお茶屋《ちゃや》までもが販《はん》売《ばい》するようになり、選択肢《せんたくし》も随分《ずいぶん》と広《ひろ》がりました。

鳳梨酥

鳳梨酥是台灣伴手禮之最。據説鳳梨酥是1970年代開發出來的，算是比較新的「糕餅」。早期內餡用冬瓜居多，最近採用「正港ㄟ」台灣土鳳梨的產品則嶄露頭角，甚至還有知名店家在東京開了分店。

鳳梨有「旺來」的含意，所以鳳梨酥也被當成吉祥食品。另外，2006年起每年在台北都會舉辦鳳梨酥大賽，連西式蛋糕店、茶行都推出鳳梨酥，讓鳳梨酥隨之多樣化。

C 紅亀粿《アンクークエイ》

長寿《ちょうじゅ》を意味《いみ》する「亀《かめ》」の形《かたち》をしたおめでたい「赤《あか》」の「**紅亀粿**《アンクークエイ》」。神様《かみさま》やご先祖様《せんぞさま》のお供《そな》え物《もの》としてもおなじみです。男《おとこ》の子《こ》が生《う》まれたときなどに親《した》しい人《ひと》に贈《おく》る習慣《しゅうかん》があり、日本《にほん》で満《まん》1歳《さい》の時《とき》にやる餅踏《もちふ》みに似《に》た「**脚踏亀**《カータークー》」という儀式《ぎしき》では、赤《あか》ちゃんにこの「**紅亀**《アンクー》**粿**《クエイ》」を踏《ふ》ませます。

かしわ餅《もち》のような食感《しょっかん》で、中《なか》にあずきやリョクトウ、切干《きりぼ》し大《だい》根《こん》、肉《にく》のそぼろなどのあんが入《はい》っています。一説《いっせつ》によるとその種類《しゅるい》は100以上《いじょう》にものぼるとか。手《て》のひらサイズとちょっと大《おお》きめですが、台湾《たいわん》の庶民《しょみん》グルメがギュッと詰《つ》まったような、そんな味《あじ》が楽《たの》しめます。

脚踏亀で使うふたつの紅亀粿／
腳踏龜儀式時使用的兩個紅龜粿

紅龜粿

「紅龜粿」以含有長壽之意的「龜」造型跟喜氣洋洋的「紅色」組合，是常用來拜神明、祖先的供品。生男孩時等有送紅龜粿給親朋好友的習慣，還有像在日本滿一歲的孩子要做的「餅踏み」（類似台灣的腳踏龜）那樣，「腳踏龜」儀式時會讓孩子踩在紅龜粿上。

口感像日本的柏餅，內餡有紅豆、綠豆、蘿蔔絲、肉等，有人説紅龜粿的種類高達百種。手掌大小的紅龜粿或許大了一點，但是裡頭裝滿了可以讓人享受的台灣大眾美食。

茶芸館のメニューにもある緑豆糕／茶藝館也有提供的綠豆糕

D 緑豆糕《リュドウガオ》

和《わ》菓《が》子《し》の落雁《らくがん》に食感《しょっかん》が似《に》ている「**緑豆糕**《リュドウガオ》」。かつてはお供《そな》え物《もの》としてよく見《み》かけられたそうですが、最近《さいきん》はその数《かず》もだいぶ減《へ》ってきているようです。お茶《ちゃ》の問屋《とんや》が並《なら》ぶ迪化街《てきかがい》では、かつてこの**緑豆**《リュドウ》**糕**《ガオ》がお茶菓子《ちゃがし》として客《きゃく》にもてなされたといいます。確《たし》かに烏龍茶《ウーロンちゃ》との相性《あいしょう》はいいように思《おも》います。

すりつぶしたリョクトウを木型《きがた》で押《お》し固《かた》めて作《つく》りますが、中《なか》にはあずきなどの「あん」が入《はい》っているものもあります。口《くち》の中《なか》に入《い》れると、すっととろけ、甘《あま》さが口《くち》の中《なか》に広《ひろ》がる甘党《あまとう》にオススメの「**糕**《ガオ》**餅**《ビン》」です。

綠豆糕

「綠豆糕」的口感類似和菓子的落雁。聽說早期常用來拜拜，但是現在好像比較少。據說在茶行林立的迪化街，早期以綠豆糕當茶點來款待客人。的確，綠豆糕跟烏龍茶是有絕配的感覺。

綠豆糕的作法是把綠豆磨成細粉後，放入木製的模裡壓製成形即可，有的內有紅豆餡。入口即化，口中充滿甜味，是很適合喜歡甜口味的人吃的「糕餅」。

06/

熱《あつ》いお茶《ちゃ》と冷《つめ》たいドリンク！

台湾《たいわん》といえばお茶《ちゃ》も有名《ゆうめい》ですが、その歴史《れきし》は約《やく》200年《ねん》と意外《いがい》に浅《あさ》く、1800年前後《ねんぜんご》に福建《ふっけん》から台湾《たいわん》の北部《ほくぶ》にお茶《ちゃ》の苗木《なえぎ》が移植《いしょく》されたのがはじまりだとされています。現在《げんざい》は、国内向《こくないむ》けに烏龍《ウーロン》茶《ちゃ》、包種茶《ほうしゅちゃ》などが、輸出向《ゆしゅつむ》けに紅《こう》茶《ちゃ》、緑茶《りょくちゃ》などが生産《せいさん》されています。統計《とうけい》によると、一人《ひとり》あたりのお茶の消費量《しょうひりょう》は1・67キログラムと日《に》本《ほん》より高《たか》く、食後《しょくご》のお茶《ちゃ》だけでなく、中国茶版《ちゅうごくちゃばん》カフェの「茶芸館《ちゃげいかん》」でお茶《ちゃ》を楽《たの》しんだりする人《ひと》も少《すく》なくありません。

「茶芸館《ちゃげいかん》」では、「**功夫茶**《ゴンフーチャ》」（工夫茶）と呼《よ》ばれる中国茶道《ちゅうごくさどう》が体験《たいけん》できますが、そんなに堅苦《かたくる》しいものではありません。それで一般《いっぱん》の家庭《かてい》でも「**功夫茶**《ゴンフーチャ》」でお客《きゃく》さんをもてなせるように、茶道具《さどうぐ》をそろえている人《ひと》もいます。また、客家《はっか》人《じん》はゴマやピーナツなどの穀物《こくもつ》を緑茶《りょくちゃ》といっしょにすりつぶしてお湯《ゆ》を注《そそ》いだ「**擂茶**《レイチャ》」でお客《きゃく》さんをもてなす習慣《しゅうかん》があります。

それから台湾《たいわん》にはもともと冷《つめ》たいお茶《ちゃ》を飲《の》む習慣《しゅうかん》はありませんでしたが、飲料《いんりょう》メーカーが紙《かみ》パックやペットボトル入《い》りのお茶《ちゃ》を生産《せいさん》するようになったことから、今《いま》では冷《つめ》たいお茶《ちゃ》も熱《あつ》いお茶同様《ちゃどうよう》に庶《しょ》民《みん》に親《した》しまれています。日本《にほん》でもすっかりおなじみになった「**真珠**《ヂェンヂュ》**奶茶**《ナイチャ》」（タピオカミルクティー）などの冷《つめ》たいドリンクを取《と》りそろえた「ドリンクスタンド」も街《まち》の至《いた》る所《ところ》にあります。

06/ 熱茶與冷飲！

台灣茶葉很有名，不過意外地歷史其實不久，大約２００年而已，據説１８００年左右有人將茶樹從福建引進到台灣北部，開啟了台灣的茶葉歷史。現在台灣生產的茶葉有以內銷為主的烏龍茶、包種茶等，外銷則以紅茶、綠茶為主。根據統計，台灣的茶葉消費量為每人１．６７公斤，比日本多。除了飯後喝茶，有不少人到中國茶版咖啡廳「茶藝館」享受喝茶樂趣。

在「茶藝館」可以體驗叫「功夫茶」的中式茶道，不過這不會很嚴肅，所以也有人會在家裡準備全套的茶具，以便用「功夫茶」款待客人。另外，客家人有以「擂茶」款待客人的習慣，這是把芝麻、花生等五穀雜糧磨成細粉後，再以熱水和綠茶一起沖泡的茶。

還有，在台灣本來沒有喝冷茶的習慣，後來飲料廠商推出紙裝、寶特瓶裝的茶飲商品的關係，現在冷茶跟熱茶一樣已經融入了日常生活。而在街上到處都有的「手搖杯店」，他們賣的是現在日本人已經熟悉的「珍珠奶茶」等多種冷飲。

「天仁茗茶」のお茶のセット／「天仁茗茶」的茶葉禮盒

A 台湾茶《たいわんちゃ》

日本《にほん》でおなじみの「烏龍茶《ウーロンちゃ》」をはじめ、烏龍茶《ウーロンちゃ》より発酵度《はっこうど》が低《ひく》く甘《あま》みが特徴《とくちょう》の「包種茶《ほうしゅちゃ》」、半発酵《はんはっこう》で芳醇《ほうじゅん》な「鉄観音《てっかんのん》」、そして高級《こうきゅう》茶《ちゃ》として有名《ゆうめい》な「東方美人茶《とうほうびじんちゃ》」などがあります。台北《たいぺい》では文山区《ぶんざんく》の木柵《もくさく》や南港区《なんこうく》の旧荘《きゅうしょう》が産地《さんち》として有名《ゆうめい》で、お茶《ちゃ》だけでなくお茶料理《ちゃりょうり》が楽《たの》しめるところもあります。

また、コンビニなどで売《う》られているペットボトル入《い》りのお茶《ちゃ》も人気《にんき》です。ただ注意《ちゅうい》したいのはパッケージに「**微甜**《ウェイテン》」と書《か》かれている砂糖入《さとうい》りの甘《あま》いお茶《ちゃ》。日本人《にほんじん》にはあまりなじみがないので、「**無糖**《ウータン》」を選《えら》んだ方が無難《ぶなん》かもしれません。

台灣茶

台灣除了有日本人熟悉的「烏龍茶」之外，還有比烏龍茶發酵程度低，以帶有甜味為特色的「包種茶」、半發酵茶製作帶有香味的「鐵觀音」、以及以高級茶聞名的「東方美人茶」等茶葉。在台北著名的茶葉產地有文山區木柵、南港區舊莊等，除了可以喝茶之外，有的地方還可以享受茶葉料理。

還有，在便利商店等地方販賣的寶特瓶裝茶飲也受到歡迎。不過在這裡提醒一下，如果包裝上有看到「微甜」字樣，裡面是有加糖的甜茶，日本人比較不習慣喝這種甜茶，所以選擇「無糖」字樣的茶可能比較保險。

お茶屋にずらりと並ぶお茶／茶行的眾多茶葉商品

B お茶屋《ちゃや》

昔《むかし》ながらのお茶屋《ちゃや》だけでなく、チェーン展開《てんかい》してデパートなどにテナントとして入《はい》っている店《みせ》もあり、試飲《しいん》ができるところも少《すく》なくありません。この試飲《しいん》、安《やす》いお茶《ちゃ》と高《たか》いお茶《ちゃ》の飲《の》み比《くら》べをさせてくれるところがあるのですが、おいしさの違《ちが》いがハッキリわかり、ついつい高《たか》い方《ほう》のお茶《ちゃ》に手《て》を出《だ》してしまいます。

もともとは量《はか》り売《う》りしているところが多《おお》かったのですが、現在《げんざい》は工場《こうじょう》で包装《ほうそう》されたパッケージも店《てん》頭《とう》に並《なら》んでいます。中《なか》には茶器《ちゃき》がセットになっているものもあり、おみやげにも適《てき》しています。ちなみに量《はか》り売《う》りで使《つか》われる「1斤《ジン》」（1台斤《タイジン》）は約《やく》600グラムです。

茶行

除了傳統茶行之外，有的採用連鎖店形式在百貨公司等地方銷售茶葉，不少店家會讓客人試喝。雖然可以試喝，但是有的店家會讓客人比較便宜的茶跟貴的茶，這樣一來，外行人也可以喝出味道的不同，所以不知不覺就會下手買比較貴的。

台灣早期賣茶葉用秤重的比較多，現在則有賣已經在工廠包裝好的茶葉，其中也有跟茶具搭配賣的茶葉，很適合當伴手禮。順便一提，秤重單位「1斤」（1台斤）約600公克。

定食も食べられる茶芸館もある／也有提供定食的茶藝館

C 茶芸館《ちゃげいかん》

お茶《ちゃ》の「味《あじ》」だけでなく、「色《いろ》」と「香《かお》り」を楽《たの》しむ「**功夫《ゴンフー》茶《チャ》**」が体験《たいけん》できる「茶芸館《ちゃげいかん》」。お茶《ちゃ》の入《い》れ方《かた》の手本《てほん》を示《しめ》してくれる店《みせ》がほとんどなので、初心者《しょしんしゃ》でも気軽《きがる》に「**功夫茶《ゴンフーチャ》**」に触《ふ》れられます。落《お》ち着《つ》いた雰囲気《ふんいき》のところが多《おお》く、リラックスしてお茶《ちゃ》やおしゃべりに興《きょう》じることができます。

お茶菓子《ちゃがし》だけでなく、軽食《けいしょく》を提《てい》供《きょう》しているところもあり、中《なか》にはメニューに定食《ていしょく》があるところもあります。それからお茶《ちゃ》を楽《たの》しむための茶器《ちゃき》には、お茶《ちゃ》を味《あじ》わう「**茶《チャ》杯《ベイ》**」のほか、お茶《ちゃ》の香《かお》りを楽《たの》しむちょっとのっぽの「**聞香杯《ウェンシャンベイ》**」があるので、間違《まちが》わないように気《き》を付《つ》けましょう。

茶藝館

除了「味道」之外，在「茶藝館」還可以體驗享受「顏色」跟「香味」的「功夫茶」。大部分的店會示範如何泡茶，所以沒經驗也可以輕鬆體驗「功夫茶」。不少店的店內都有能使人沉澱心靈的氣氛，可以輕鬆地享受邊喝茶邊聊天的樂趣。

除了茶點之外，有的店有供應輕食，甚至有定食。另外，茶具有喝茶的「茶杯」，還有享受茶香味的高杯「聞香杯」，千萬不要弄錯。

さまざまなドリンクを提供しているドリンクスタンド／提供各種飲料的手搖杯店

D ドリンクスタンド

台湾《たいわん》の国民的《こくみんてき》ドリンク「タピオカミルクティー」をはじめ、数《すう》十種類《じゅっしゅるい》のドリンクを扱《あつか》う「ドリンクスタンド」。「**奶茶**《ナイチャ》」（ミルクティー）、「**冰沙**《ビンシャ》」（フローズン）、乳酸菌《にゅうさんきん》を加《くわ》えた「**多多**《ドゥオドゥオ》」など、バリエーションも豊富《ほうふ》で、冷《つめ》たいドリンク「**冷飲**《レンイン》」だけでなく、熱《あつ》いドリンク「**熱飲**《ラーイン》」もあります。

砂糖《さとう》の量《りょう》は「**無糖**《ウータン》」（砂糖《さとう》なし）、「**三分糖**《サンフンタン》」（砂糖少《さとうすく》なめ）、「**半糖**《バンタン》」（砂糖半分《さとうはんぶん》）、氷《こおり》の量《りょう》は「**去冰**《チューピン》」（氷《こおり》なし）、「**少冰**《サオピン》」（氷少《こおりすく》なめ）と細《こま》かく指定《してい》できます。最近《さいきん》は店舗《てんぽ》の片隅《かたすみ》にドリンクスタンドコーナーを設《もう》けているお茶屋《ちゃや》さんもあります。

手搖杯店

手搖杯店有賣台灣人最熟悉的飲料「珍珠奶茶」等幾十種飲料。「奶茶」、「冰沙」以及加了乳酸菌的「多多」等，種類五花八門，除了冰涼的「冷飲」之外，還有熱的「熱飲」。

甜度有分「無糖」、「三分糖」、「半糖」等，冰塊也可以「去冰」、「少冰」等，可以詳細指定。最近有的茶行店內角落設有吧台，銷售手搖杯飲料。

07/

台湾《たいわん》グッズはとっても魅力的《みりょくてき》！

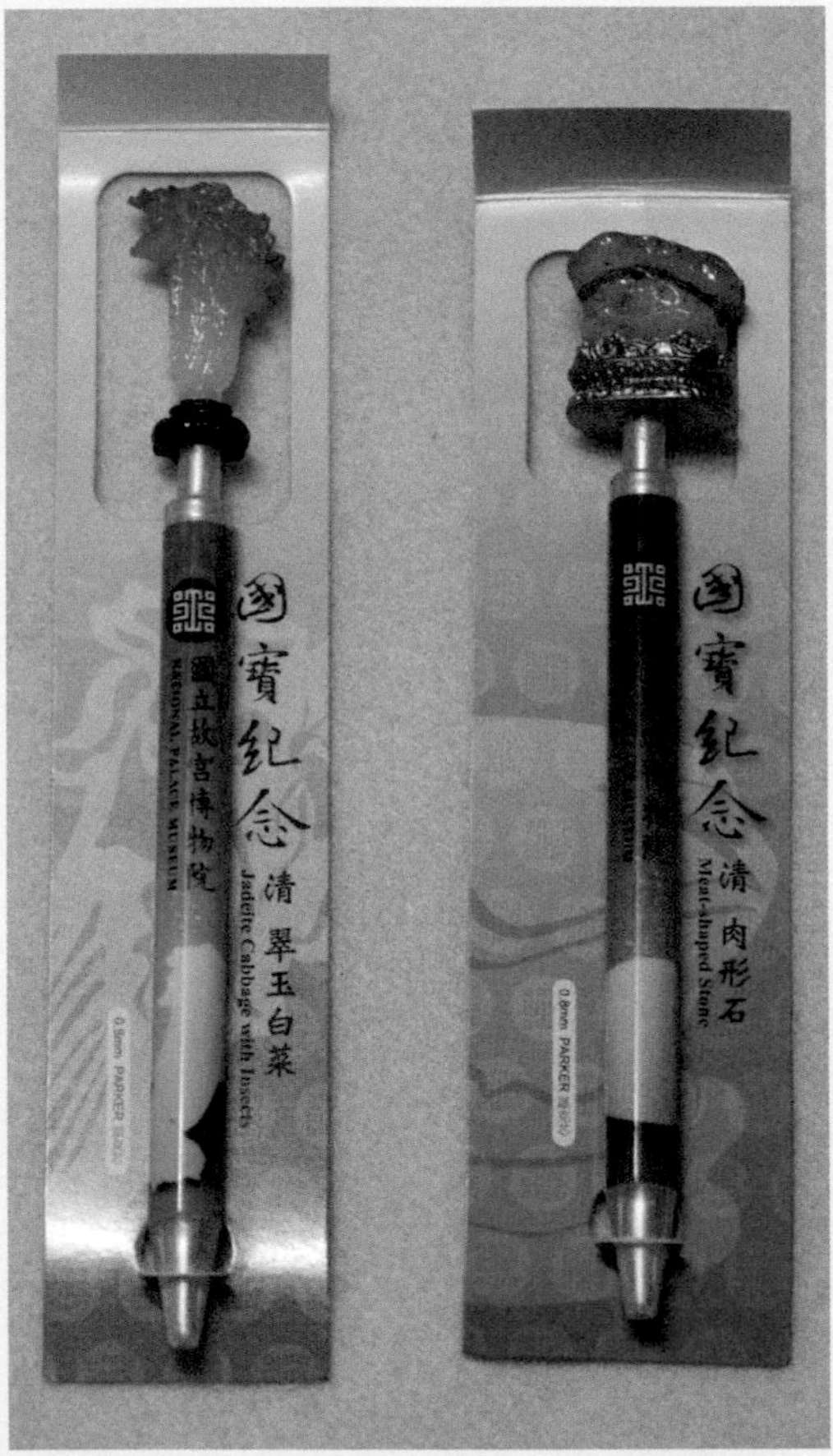

「翠玉白菜」と「肉形石」をモチーフにした故宮博物院のグッズ／故宮的文創精品「國寶筆─翠玉白菜」跟「國寶筆─肉形石」

台湾《たいわん》のおみやげといえば、お茶《ちゃ》やお菓子《かし》が注目《ちゅうもく》されがちですが、実《じつ》は工芸品《こうげいひん》、日用《にちよう》グッズ、オリジナルグッズなども最近人気《さいきんにんき》を集《あつ》めています。例《たと》えば工芸品《こうげいひん》。昔《むかし》は地方《ちほう》まで足《あし》を伸《の》ばさなければなかなかお目《め》にかかれませんでしたが、台北《たいぺい》でも手《て》に入《はい》りやすくなりました。また、陶磁器《とうじき》やガラス工芸品《こうげいひん》の新《しん》ブランドが立《た》ち上《あ》げられ、少々値《しょうしょうね》が張《は》るものもありますが、外国人観光客《がいこくじんかんこうきゃく》にも人気《にんき》だといいます。

「華山《かざん》1914クリエイティブパーク」や「西門紅楼《せいもんこうろう》」などの新《あら》たに誕生《たんじょう》した複合文化施設《ふくごうぶんかしせつ》には、原住民《げんじゅうみん》グッズやオリジナルグッズを扱《あつか》う店《みせ》があり、ちょっとした台《たい》湾《わん》みやげにうってつけのものもあります。最近《さいきん》はこうした原住民《げんじゅうみん》グッズやオリジナルグッズを扱《あつか》う店《みせ》が増《ふ》えてきています。これまでもこうしたグッズはあったのですが、知《し》る人《ひと》ぞ知《し》る存《そん》在《ざい》でした。それが政府《せいふ》や地方自治体《ちほうじちたい》の後押《あとお》しなどで、知名度《ちめいど》がアップし、種《しゅ》類《るい》も豊富《ほうふ》になりました。また、若手《わかて》クリエイターたちが次々《つぎつぎ》にオリジナルブランドを立《た》ち上《あ》げています。

それから「故宮博物院《こきゅうはくぶついん》」の展示品《てんじひん》をモチーフにしたグッズや生活雑貨《せいかつざっか》のほか、コンビニのマスコットキャラクターなどの関連《かんれん》グッズなども人気《にんき》を集《あつ》めています。日本《にほん》では手《て》に入《はい》りにくい台湾《たいわん》ならではの台湾《たいわん》グッズ、見《み》ているだけでも楽《たの》しめます。

07/

台灣文創商品很有魅力！

說到台灣的伴手禮，比較會受到注目的往往是茶葉或糕點，但是最近工藝品、日用品、文創商品也相當受歡迎。像工藝品，以前不特地跑到當地幾乎看不到，但是現在在台北很多都能買得到。另外，也有人創立陶磁器或玻璃工藝品的新品牌，聽說有的售價不低，仍舊受外國觀光客的青睞。

在「華山１９１４文化創意產業園區」、「西門紅樓」等新的複合式文化活動場所，有販賣原住民文創商品或一般文創商品的店，可以買得到適合當作小小心意的伴手禮商品，而這種有販賣原住民文創商品或一般文創商品的店最近有增加的趨勢。其實之前也有類似的商品，但是比較少人知道。後來中央跟地方政府強力推動後，不但提升知名度，種類也多樣化了。而且，現在的年輕設計師一個接一個地自創品牌。

另外，以「故宮博物院」的展示品為設計造型的商品、生活用品，或便利商店的吉祥物等周邊商品也很受歡迎。這些在日本不容易買得到、台灣風味十足的台灣文創商品，光是看也覺得有趣。

原住民の特長が反映された名刺立て／展現原住民特色的名片架

A 原住民《げんじゅうみん》グッズ

台湾《たいわん》には人口《じんこう》の約《やく》2％を占《し》める50万人強《まんにんきょう》の原住民《げんじゅうみん》がいます。国《くに》が認定《にんてい》している民族《みんぞく》は14あり、それぞれ独特《どくとく》の文化《ぶんか》を持《も》っていて、民《みん》族《ぞく》ごとに衣服《いふく》や日用品《にちようひん》などにその特徴《とくちょう》が反映《はんえい》されています。そんな原住民《げんじゅうみん》の特徴《とくちょう》が詰《つ》め込《こ》まれた原住《げんじゅう》民《みん》グッズは、台湾《たいわん》らしさにあふれています。

各民族《かくみんぞく》の衣装《いしょう》をまとったかわいらしい原住民《げんじゅうみん》のストラップやキーホルダー、その衣装《いしょう》の模様《もよう》をデザインに取《と》り入《い》れたコースターや名《めい》刺入《しい》れなどのほか、原住民《げんじゅうみん》が実際《じっさい》に使《つか》っているアクセサリーや民族《みんぞく》衣装《いしょう》などがあり、原住民《げんじゅうみん》の手作《てづく》りによるものも少《すく》なくありません。

原住民文創商品

台灣有約50多萬人的原住民族，占人口的百分之二左右。政府認定的原住民族有14族，各族都有自己獨特的文化，其特色反映在族服、日用品上，而濃縮這些原住民族特色的原住民文創商品充滿了濃濃的台灣風味。

原住民文創商品除了有穿著族服的Q版原住民手機吊飾、鑰匙圈，以及把這些族服的圖騰納入設計的杯墊、名片夾等之外，還有原住民族目前在實際生活上使用的裝飾品和族服等，其中不少商品是原住民族親自手工製作的。

台湾のレトロがコンセプトのオリジナルグッズのお店「自做自售」／以台灣味的童年時光為發想的文創商品店「自做自售」

B オリジナルグッズ

2010年《ねん》に関連法案《かんれんほうあん》が公布《こうふ》され、クリエイティブ産業《さんぎょう》が推進《すいしん》されている台湾《たいわん》では、映画《えいが》や音楽《おんがく》などのコンテンツ産業《さんぎょう》だけでなく、オリジナルグッズの開発《かいはつ》や販売《はんばい》にも力《ちから》が入《い》れられています。ここ数《すう》年《ねん》はスマホケース、ステーショナリー、アクセサリーなど、創意《そうい》に満《み》ちたオリジナルグッズをよく見《み》かけるようになりました。

レトロなポスターや日用品《にちようひん》をデザインに取《と》り入《い》れたもの、実際《じっさい》にある商品《しょうひん》をもじったパロディーもの、蒋介石《しょうかいせき》をデザインに取《と》り入《い》れたものなど遊《あそ》び心心《ごころ》たっぷりの面《おも》白《しろ》グッズなどもあり、台湾《たいわん》のサブカルチャーにも触《ふ》れられます。

一般文創商品

推動文創產業的台灣，於2010年文創相關法律公布後，不僅是電影、音樂等數位內容產業，還致力於文創商品的開發及銷售。這幾年來，常會看到手機套、文具、裝飾品等充滿創意的文創商品。

有把台灣早期的海報、日用品等圖案納入設計的、把市面上現有商品以諧音來KUSO製作的、把蔣中正納入設計的……等，充滿KUSO風味的趣味文創商品，很能夠接觸到台灣的次文化。

虎尾のケーキの形をしたタオル／虎尾的蛋糕造型毛巾

C 地場《じば》産業系《さんぎょうけい》グッズ

台湾《たいわん》にも各地《かくち》に地場《じば》産業《さんぎょう》があり、それを生《い》かしたグッズもあります。例《たと》えば苗栗県《びょうりつけん》の三義《さんぎ》。木彫《きぼ》りの歴史《れきし》が100年近《ねんちか》くあり、神像《しんぞう》をはじめ、置物《おきもの》などの工芸品《こうげいひん》が生産《せいさん》されていますが、近年《きんねん》は箸《はし》や櫛《くし》、孫《まご》の手《て》などの日用《にちよう》グッズも販売《はんばい》されています。

また、雲林県《うんりんけん》の虎尾《こび》では、地場《じば》産業《さんぎょう》のタオルが斜陽化《しゃようか》していましたが、付加価値《ふかかち》を付《つ》け、ケーキや人形《にんぎょう》の形《かたち》をしたタオルを生産《せいさん》したところ、話題《わだい》になりました。こうした台湾各地《たいわんかくち》のグッズは台北《たいぺい》でも入手《にゅうしゅ》でき、国《くに》の外郭機関《がいかくきかん》が運営《うんえい》する「中華工芸館《ちゅうかこうげいかん》」のほか、桃園国際《とうえんこくさい》空港《くうこう》などで販売《はんばい》されています。

當地日用品

在台灣，各地也有當地產業，並有結合當地產業的日用品：例如苗栗縣三義鄉的木雕，它擁有將近百年的歷史，從生產神像、裝飾品等工藝品，到這幾年也有販賣筷子、梳子、不求人等日用品。

還有，在雲林縣虎尾鎮曾以當地產業聞名的毛巾業，逐年變成了夕陽產業，但是在業者創造附加價值，推出蛋糕、人偶造型毛巾之後，受到各方的注目。這些台灣各地的當地商品在台北也買得到，如公設財團法人機構經營的「中華工藝館」、桃園國際機場等場所都有販賣。

OPENちゃんとくまモンのコラボグッズ／OPEN 小將跟熊本熊（酷ＭＡ萌）的聯名周邊商品

D キャラクターグッズ

台湾《たいわん》にも企業《きぎょう》マスコットキャラクターが多数《たすう》あり、周辺《しゅうへん》グッズもあります。中《なか》でも日本《にほん》にもちょくちょく出没《しゅつぼつ》し、最近《さいきん》熊本《くまもと》でくまモンとくまモン体操《たいそう》をした「OPENちゃん」の人気《にんき》は絶大《ぜつだい》で、関連商品《かんれんしょうひん》の年間売上《ねんかんうりあ》げは10億元《おくげん》（約《やく》30億円《おくえん》）ともいわれています。

また、コンビニでは買《か》い物金額《ものきんがく》に応《おう》じてもらえるシールを集《あつ》めると、期間《きかん》によってドラえもんやキティちゃんなどのキャラクターグッズがもらえるキャンペーンを随時《ずいじ》行《おこな》っているので、運《うん》が良《よ》ければ台湾《たいわん》でしか入手《にゅうしゅ》できないキャラクターグッズが手《て》に入《はい》るかもしれません。

吉祥物及卡通人物周邊商品

台灣也有不少企業吉祥物，也有相關周邊商品。其中「OPEN 小將」的人氣最旺，據說其周邊商品帶來的年營收高達10億元。OPEN 小將在日本也出現過幾次，最近還跟九州熊本縣的吉祥物「熊本熊」（酷ＭＡ萌）一起跳過「酷ＭＡ萌體操」。

還有，便利商店常推出集點活動，按消費金額可獲得貼紙，收集貼紙後，依照時期可以兌換哆啦A夢、凱蒂貓等卡通人物周邊商品，如果運氣好，說不定還有機會拿到台灣限定的周邊商品。

08/

台湾《たいわん》で身《み》も心《こころ》もリラックス！

台湾《たいわん》でグルメに舌鼓《したつづみ》を打《う》った後《あと》は、身《み》も心《こころ》もリラックスしましょう。まずは温泉《おんせん》。台北《たいぺい》なら北投《ほくとう》と陽明山《ようめいざん》です。日本統治時代《にほんとうちじだい》に台湾《たいわん》四大温泉《よんだいおんせん》として親《した》しまれた両温泉《りょうおんせん》は、今《いま》でも観光客《かんこうきゃく》や地元《じもと》の人《ひと》でにぎわっています。北投《ほくとう》はかつて温泉街《おんせんがい》として栄《さか》えた街《まち》ですが、ここで温泉《おんせん》を発見《はっけん》したのはなんとドイツ人《じん》。最初《さいしょ》に温泉旅館《おんせんりょかん》を開業《かいぎょう》したのが日本人《にほんじん》なのです。ＭＲＴの駅《えき》からも近《ちか》いので、台北駅《たいぺいえき》から30分《ぷん》程度《ていど》で行《い》けます。

続《つづ》いてマッサージ。「**按摩**《アンモー》」と書《か》かれた看板《かんばん》に混《ま》じって、「マシサーヅ」「アシサージ」などちょっと笑《わら》える日本語《にほんご》も目《め》にしますが、それはご愛嬌《あいきょう》ということで。「士《し》林観光夜市《りんかんこうよいち》」や「行天宮《ぎょうてんぐう》」のはす向《む》かいなど、マッサージ店《てん》が密集《みっしゅう》しているところもあります。だいたい店《みせ》の入口《いりぐち》に施術内容《しじゅつないよう》と料金《りょうきん》が書《か》かれているので、事前《じぜん》に懐《ふところ》と相談《そうだん》ができます。また、覚《おぼ》えやすいようにマッサージ師《し》に番号《ばんごう》がついているところも少《すく》なくなく、次《つぎ》に行《い》ったときに番号《ばんごう》で指名《しめい》できます。

マッサージは指圧《しあつ》、脊髄矯正《せきずいきょうせい》、中国整体《ちゅうごくせいたい》の「**推拿**《トゥイナー》」などのほか、タイ式《しき》、上海式《しゃんはいしき》などもありますが、台湾《たいわん》といえば、やはり「足裏《あしうら》マッサージ」と「シャンプーマッサージ」は外《はず》せません。温泉《おんせん》で疲《つか》れを取《と》って、頭《あたま》から足裏《あしうら》までマッサージしてもらうというのも台湾《たいわん》の味《あじ》わい方《かた》のひとつです。

「台湾で 1000 人同時足裏マッサージ」でギネスに挑戦／挑戰「千人同時腳底按摩」的金氏世界紀錄

08/

在台灣舒緩身心！

在台灣享受完美食後，就要放鬆身心囉！首先要談的是溫泉，在台北要泡溫泉就要到北投或陽明山，這兩處在日治（日據）時代以台灣四大溫泉之一，大受民眾青睞，至今仍然吸引觀光客及當地民眾泡溫泉。北投曾以溫泉鄉之名熱鬧繁榮，在此發現溫泉的，令人意外的竟然是德國人，而日本人在此設立第一家溫泉旅館。離捷運站也不遠，從台北車站大約花30分鐘左右就能抵達。

接下來要談的是按摩。眾多「按摩」招牌當中，有的寫著「マッサーヅ」、「アシサージ」等怪日文，把這些當做樂趣也不錯。有些地方按摩店相當密集，如「士林夜市」、「行天宮」斜對面等，大部分的店家都在店門口寫明服務內容及價格，所以可以事先考慮帶的錢夠不夠。另外，為了客人方便記，不少店家的師傅都有號碼，第二次去的時候就能以號碼指定師傅。

按摩種類除了有指壓、脊椎矯正、中式「推拿」之外，還有泰式、上海式等，不過提到台灣的按摩，非提到「腳底按摩」及「按摩洗頭」不可。泡溫泉消除疲勞、從頭到腳底按摩，這也是享受台灣的方式之一。

A 温泉《おんせん》

日本《にほん》と同《おな》じく環太平洋火山帯《かんたいへいようかざんたい》に属《ぞく》する台湾《たいわん》は温泉《おんせん》の宝庫《ほうこ》です。ただ、台湾《たいわん》には日本《にほん》のような銭湯文《せんとうぶん》化《か》があまり浸透《しんとう》しておらず、裸《はだか》の付《つ》き合《あ》いには抵抗《ていこう》がある人《ひと》もいるので、共同浴場《きょうどうよくじょう》は水着着用《みずぎちゃくよう》で入《はい》らなければならないところもあり、注意《ちゅうい》が必要《ひつよう》です。

共同浴場《きょうどうよくじょう》のほか、「湯屋《タンウー》」と呼《よ》ばれる部屋付《へやつ》きの個室温泉風呂《こしつおんせんぶろ》もあります。だいたい90分《ぷん》から3時間程度《じかんていど》の時間制限《じかんせいげん》がありますが、そのまま同《おな》じ部屋《へや》に宿泊《しゅくはく》できるところも少《すく》なくありません。このほかシャワー室《しつ》のようにちょっと手狭《てぜま》で値段《ねだん》が手《て》ごろな個室《こしつ》の温泉《おんせん》もあります。

北陸の老舗温泉旅館「加賀屋」が北投にオープン／北陸的老字號溫泉旅館「加賀屋」在北投開幕

溫泉

台灣跟日本一樣位於環太平洋火山帶，到處都有溫泉。不過日本的澡堂文化在台灣並不普及，有人不太習慣跟陌生人一起脫衣泡澡，所以部分公共澡堂要穿泳衣泡湯，這點需要注意。

除了公共澡堂之外，還有叫做「湯屋」這種備有個人溫泉浴池的房間。大部分都有90分鐘到3小時左右的時間限制，不過不少湯屋可以直接入住。另外，也有像淋浴間般，比較狹窄、價格比較便宜的包廂溫泉。

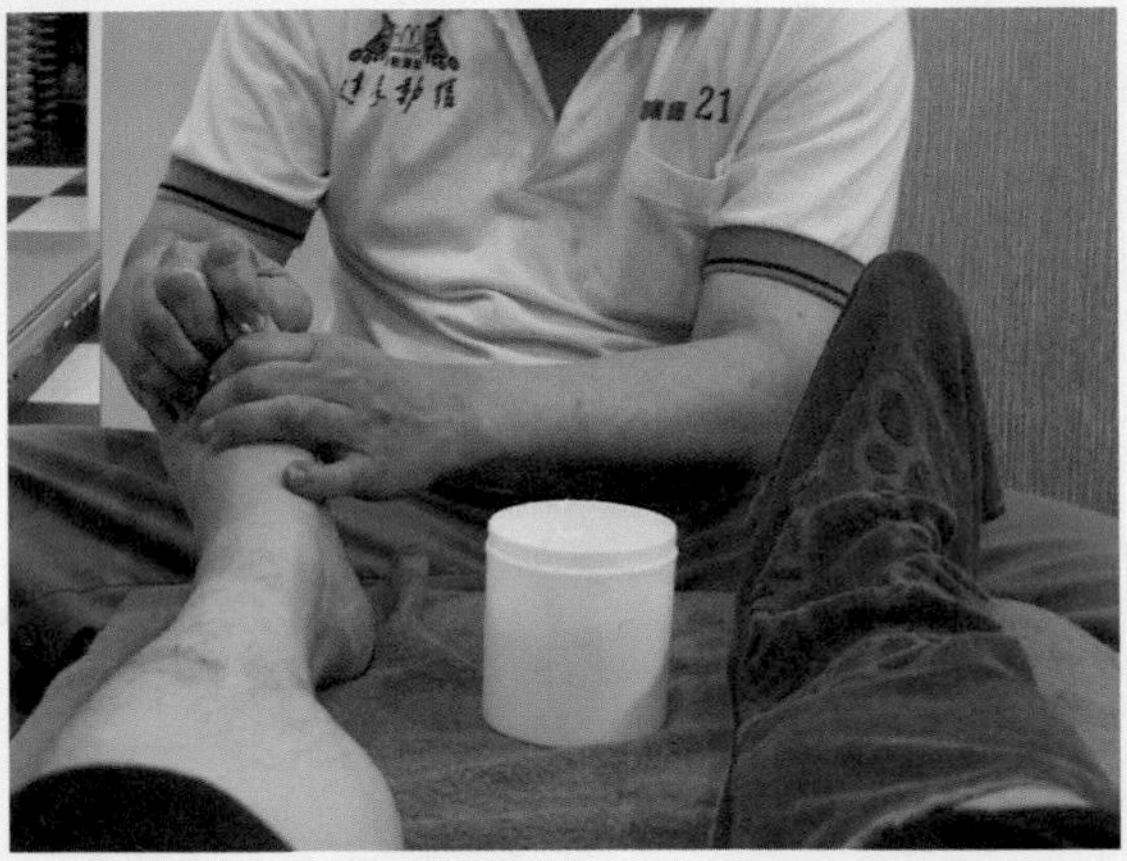

足が棒になったときは足裏マッサージ／走太多路而腳痠了，就要做腳底按摩

B 足裏《あしうら》マッサージ

台湾《たいわん》でおなじみの「足裏《あしうら》マッサージ」を考案《こうあん》したのは実《じつ》はスイス人《じん》の宣教師《せんきょうし》。リウマチを患《わずら》っていた宣教師《せんきょうし》が、足《あし》つぼ療法《りょうほう》を知《し》り、試《ため》してみたら、効果《こうか》があり、それが台湾中《たいわんちゅう》に広《ひろ》まったといわれています。

多《おお》くのマッサージ店《てん》では、足湯《あしゆ》につかってから施術《しじゅつ》を始《はじ》めます。力《ちから》加減《かげん》は調整《ちょうせい》してもらえるので、あまりにも痛《いた》いときはガマンせずにハッキリ言《い》いましょう。また、「台湾《たいわん》で1000人同時《にんどうじ》足裏《あしうら》マッサージ」でギネスブックの世界《せかい》記録《ろく》に認定《にんてい》されているというのも面《おも》白《しろ》いですね。

腳底按摩

在台灣開啟「腳底按摩文化」的人，其實是瑞士籍的傳教士。據說患了關節炎的他得知腳底穴道療法後，把自己當成試驗品，發現有效，才使之流傳台灣各地。

大部分的按摩店在開始按摩前會先泡腳。力量可以調整，所以如果太痛而受不了的話，不用忍耐可以直接告知。另外，有趣的是台灣有「千人同時腳底按摩」的金氏世界紀錄。

気持ちいいシャンプーマッサージ／很舒服的按摩洗頭

C シャンプーマッサージ

女性《じょせい》に人気《にんき》の「シャンプーマッサージ」。マッサージ店《てん》ではなく、美容院《びよういん》でやってもらうのですが、カットはせずにこれだけやってもらう人《ひと》も少《すく》なくないようです。店《てん》によって時間《じかん》は微妙《びみょう》に異《こと》なりますが、だいたい20分《ぷん》から1時間《じかん》ぐらいです。

日本《にほん》と違《ちが》って座《すわ》ったままやってもらえ、泡《あわ》が飛《と》んだりすることもないので、雑誌《ざっし》を読《よ》んだり、隣《となり》の友達《ともだち》とおしゃべりしながらやってもらえます。すすぎの時《とき》だけシャンプー台《だい》に移動《いどう》します。頭皮《とうひ》だけでなく肩《かた》や首《くび》などもマッサージしてもらえるので、肩《かた》から上《うえ》がスッキリします。

按摩洗頭

受女性歡迎的「按摩洗頭」，不是在按摩店，而是在美容院。到美容院不剪髮，只做按摩洗頭的人好像也不少。按摩洗頭的時間大概20分鐘到1小時，依店家略有差異。

跟日本不同的是，洗頭是坐在椅子上，要沖洗時才要移到沖水處，而且泡泡也不會亂飛，所以洗頭時可以邊看雜誌或跟旁邊的朋友聊天。不只是頭皮，也會按摩肩頸，舒緩肩部以上的疲勞。

20分２００元が相場の盲人マッサージ／行情價為20分鐘２００元的盲人按摩

D 盲人《もうじん》マッサージ

以前《いぜん》は視覚障害者《しかくしょうがいしゃ》の就業機会《しゅうぎょうきかい》の確保《かくほ》のため、健常者《けんじょうしゃ》がマッサージをすることは法律《ほうりつ》で禁止《きんし》されていましたが、違憲審査《いけんしんさ》で該当条文《がいとうじょうぶん》が無効《むこう》になりました。それで雨後《うご》の竹《たけ》の子《こ》のように街中《まちじゅう》にマッサージ店《てん》がオープンするようになりましたが、視覚障害者《しかくしょうがいしゃ》による「盲人《もうじん》マッサージ」も健在《けんざい》です。

マッサージ師《し》は国家資格《こっかしかく》を持《も》っている人《ひと》がほとんど。10分《ぷん》１００元《げん》が相場《そうば》で、10分《ぷん》または20分《ぷん》から施術《しじゅつ》が受《う》けられます。台北《たいぺい》だと台《たい》北駅《ぺいえき》や台北地下街《たいぺいちかがい》、東区地下街《ひがしくちかがい》などにあり、ちょっとした空《あ》き時間《じかん》に肩《かた》のこりや足《あし》の疲《つか》れをほぐしてもらえます。

盲人按摩店

過去為了保障視障人士的就業機會，依法規定明眼人不得從事按摩業，後來大法官解釋該法規違憲，因而修法，所以坊間出現了不少按摩業者。不過由視障人士服務的「盲人按摩店」也如常為客人服務。

盲人按摩店的師傅幾乎都有國家證照，行情是10分鐘１００元，最低消費是10分鐘或20分鐘。在台北的話，台北車站、台北地下街、東區地下街等地方有盲人按摩店，可以利用空檔來舒緩肩頸及腳部的疲勞。

09/

当《あ》たるも八卦《はっけ》当《あ》たらぬも八卦《はっけ》！

信心深《しんじんぶか》い人《ひと》が多《おお》い台湾《たいわん》では、何《なに》か決断《けつだん》に迷《まよ》ったときなどに廟《びょう》やお寺《てら》に参拝《さんぱい》し、「神杯占《しんぱいうらな》い」をして神様《かみさま》にお伺《うかが》いを立《た》てたり、おみくじを引《ひ》いたりする人《ひと》が少《すく》なくありません。また、結婚式《けっこんしき》や引《ひ》っ越《こ》しなどの日取《ひど》りを決《き》める際《さい》には、吉凶《きっきょう》に関《かん》する事項《じこう》が書《か》かれた「黄《こう》暦《れき》」または「農民暦《のうみんれき》」と呼《よ》ばれる暦《こよみ》を参考《さんこう》にすることが多《おお》く、日本《にほん》だと大安吉日《たいあんきちじつ》に当《あ》たる縁起《えんぎ》のいい日《ひ》「黄道吉日《こうどうきちじつ》」には、結婚式《けっこんしき》ラッシュになりがちです。

結婚《けっこん》を前提《ぜんてい》に男女《だんじょ》が付《つ》き合《あ》う際《さい》には、双方《そうほう》の生《う》まれた年月日《ねんがっぴ》と時《じ》間《かん》「八字《バーズー》」が合《あ》うかどうかを占《うらな》う習慣《しゅうかん》もあります。これが芳《かんば》しくないために両親《りょうしん》から別《わか》れさせられるというケースもあるそうです。また、子《こ》どもができたら姓名占《せいめいうらな》いをする人《ひと》が多《おお》いほか、「風水《ふうすい》」にこだわる人《ひと》も少《すく》なくなく、台湾《たいわん》では日常生活《にちじょうせいかつ》の中《なか》に占《うらな》いがあふれています。

そして街《まち》には四柱推命《しちゅうすいめい》、紫微《しび》斗数《とすう》、姓名占《せいめいうらな》い、手相《てそう》、面相《めんそう》をはじめ、日本《にほん》ではあまりなじみのない米粒占《こめつぶうらな》い、鳥占《とりうらな》いなどをやってもらえる店《みせ》がたくさんあります。占《うらな》いの店《みせ》が密集《みっしゅう》している「占《うらな》い横《よこ》丁《ちょう》」と呼《よ》ばれるところもあり、中《なか》には日本語《にほんご》に対応《たいおう》しているところもあるので、中国語《ちゅうごくご》がわからなくても大丈夫《だいじょうぶ》です。当《あ》たるも八卦《はっけ》、当《あ》たらぬも八卦《はっけ》、想《おも》い出《で》に占《うらな》ってもらうのもいいかもしれません。

09/ 算對也算命，算錯也算命！

台灣人比較有問神求心安的習慣，要決定一件比較重要的事時，不少人就會到寺廟抽籤或擲筊請神明指示。如果要決定婚禮或搬家等日期，則會看有分析時辰時局的「黃曆」（農民曆）來決定，所以碰到像日本的大安吉日那樣的「黃道吉日」，常常有到處都在舉行婚禮的情形。

如果男女要以結婚為前提交往，有先算雙方的出生年月日及時間「八字」合不合的習慣，聽說也有情侶因為這八字不合而被父母強迫分手。還有，除了有很多人懷孕時會去算名字之外，也有不少人講究「風水」，命理之說已經深深融入了台灣人的日常生活。

而且坊間到處都有算命館，可以幫忙算如四柱推命、紫微斗數、算名字、看手相、看面相，還有日本人比較不熟悉的米卦、鳥卦等。也有算命館密集、被稱為「命理街」的地方，在那裡有的算命師會日文，所以即使不懂中文也溝通無礙。日本俗話說「算對也算命，算錯也算命」，算命或許也是種留下美好回憶的方式。

行天宮のところの地下道にある占い横丁／位於行天宮地下道的命理街

A 占《うらな》い横丁《よこちょう》

占《うらな》いの店《みせ》は台北《たいぺい》の至《いた》る所《ところ》にありますが、行天宮《ぎょうてんぐう》の入口《いりぐち》の交差点《こうさてん》の地下道《ちかどう》やMRT龍山寺駅《りゅうざんじえき》の地下街《ちかがい》のように数軒《すうけん》から数十軒《すうじゅっけん》の占《うらな》いの店《みせ》がずらりと並《なら》んでいるところもあります。日本《にほん》のガイドブックなどでは「占《うらな》い横丁《よこちょう》」と紹介《しょうかい》されていたりします。

台湾《たいわん》でポピュラーな四柱推命《しちゅうすいめい》の鑑定料《かんていりょう》は安《やす》いところで1000元《げん》から。恋愛運《れんあいうん》、結婚運《けっこんうん》、仕事運《しごとうん》などを数十分《すうじゅっぷん》で占《うらな》ってもらえますが、生年月日《せいねんがっぴ》だけでなく、生《う》まれた時間《じかん》がわからないと占《うらな》えないので、知《し》らない人《ひと》は事前《じぜん》にチェックしておく必要《ひつよう》があります。

命理街

在台北到處都有算命館，還有像行天宮的十字路口地下道或捷運龍山寺站的地下街那樣，集中好幾個、甚至幾十個算命館的地方。日本的旅遊書等把這些地方稱為「占い横丁」來介紹。

在台灣比較常看到的四柱推命，算命價格從1000元起跳，可以算戀愛、結婚、工作等。因為四柱推命除了出生年月日之外，還需要出生時間才能算命，如果不知道自己出生的時間，得事先確認一下。

B 風水《ふうすい》

台湾《たいわん》の日常生活《にちじょうせいかつ》に溶《と》け込《こ》んでいる「風水《ふうすい》」。特《とく》にお店《みせ》をやっている人《ひと》や会社《かいしゃ》を経営《けいえい》している人《ひと》はこだわりを持《も》っている人《ひと》が多《おお》く、開運《かいうん》のために家具《かぐ》の配置《はいち》を換《か》えたり、置物《おきもの》を置《お》いたりしています。

会社《かいしゃ》の入口《いりぐち》を入《はい》ったところに水槽《すいそう》が置《お》いてあったり、玄関《げんかん》の上《うえ》に丸《まる》い鏡《かがみ》が取《と》り付《つ》けてあったりするのもそのためです。

風水《ふうすい》の鑑定料《かんていりょう》は風水師《ふうすいし》や内容《ないよう》によってバラツキがあり、占《うらな》いよりもはるかに値《ね》が張《は》るので、代《か》わりに風水《ふうすい》グッズを買《か》ったり、中国語《ちゅうごくご》になりますが本屋《ほんや》にずらりと並《なら》ぶ風水《ふうすい》の本《ほん》を買《か》うというのもアリかもしれません。

風水でよく会社に置いてある水晶の置物／為了風水常在公司擺設的水晶桌飾

風水

「風水」已經融入台灣的日常生活中，尤其是自己開店或經營公司的人特別在意，會為了開運而改變家具的位置或擺設裝飾品等。像在公司入口擺設水族箱、玄關上面掛圓形鏡子等都是看過風水而設計的。

看風水的價格比較沒有行情，要看風水師或內容而定，而且價格比算命貴許多，因此以買風水開運商品代替，或去書店買風水書來翻翻可能也不錯。書店有很多關於風水的書，不過都是中文的。

廟やお寺にある「杯」／寺廟的「杯」

C 神杯占い《しんぱいうらな》

廟《びょう》やお寺《てら》で神様《かみさま》にお伺《うかが》いを立《た》てる儀式《ぎしき》「**擲筊**《ポアポエ》」のことで、三日月《みかづき》形《けい》の朱色《しゅいろ》の「**杯**《ポエ》」を使《つか》います。2《ふた》つで1組《ひとくみ》になっていて、木製《もくせい》のものが多《おお》いですが、最近《さいきん》はプラスチック製《せい》のものもあり、大《おお》きさもさまざまです。

まず、神様《かみさま》に自分《じぶん》の名前《なまえ》、住所《じゅうしょ》、生年月日《せいねんがっぴ》、伺《うかが》い事《ごと》を告《つ》げ、サイコロのように振《ふ》ります。一方《いっぽう》が表《おもて》（平《たい》らな面《めん》）で一方《いっぽう》が裏《うら》（凸面《とつめん》）が出《で》た場合《ばあい》は「**聖杯**《シンポエ》」で、願《ねが》い事《ごと》がかないます。両方《りょうほう》とも裏《うら》が出《で》た場合《ばあい》は「**陰杯**《インポエ》」で、願《ねが》い事《ごと》はかないません。両方《りょうほう》とも表《おもて》の場合《ばあい》は「**笑杯**《チョウポエ》」で、もう一度《いちど》振《ふ》ります。

擲筊

在寺廟請示神明的儀式「擲筊」，是使用兩個一組新月形狀的朱色「杯」，多數為木製，但是最近也有塑膠製的，大小也有所不同。

首先向神明報上自己的姓名、出生年月日、地址，再說想請示的事情，然後以擲骰子的方式擲筊。如果得到一正（凹面）一反（凸面）稱為「聖杯」，表示神明同意；兩個都反面則稱「陰杯」，表示神明不同意。如果兩個都正面稱為「笑杯」，表示要再擲一次。

D おみくじ

台湾《たいわん》の廟《びょう》やお寺《てら》のおみくじは、「詩籤《シーチエン》」と呼《よ》ばれ、七言絶句《しちごんぜっく》などの漢詩《かんし》になっています。意味《いみ》がわからないときは、窓口《まどぐち》でおみくじの内容《ないよう》について説明《せつめい》してもらえ、中《なか》には日本語《にほんご》が話《はな》せるボランティアが対応《たいおう》してくれるところもあります。

おみくじを引《ひ》く際《さい》、日本《にほん》のように規定《きてい》の初穂料《はつほりょう》を納《おさ》める必要《ひつよう》はありませんが、多《おお》くの台湾人《たいわんじん》は「香《シャン》油銭《ヨウチエン》」と呼《よ》ばれるお賽銭《さいせん》を納《おさ》めています。また、おみくじ棒《ぼう》を引《ひ》く前《まえ》と後《あと》には「神杯占《しんぱいうらな》い」をして、神様《かみさま》にお伺《うかが》いを立《た》てる必要《ひつよう》があります。日本《にほん》のようなおみくじ販売《はんばい》機《き》は見《み》かけません。

番号が書かれているおみくじ棒／有寫號碼的號碼竹籤

詩籤

台灣寺廟的籤叫做「詩籤」，內容以七言絕句等詩的形式呈現。如果不知道意思，可以到櫃台請求協助解籤，有的寺廟也會有懂日文的志工來解籤。

抽詩籤時，不必像日本那樣先付錢，不過大部分的台灣人抽「詩籤」時，會添叫做「香油錢」的錢。另外，抽出號碼竹籤前後都需要先擲筊請示神明。在台灣不會看到像日本那樣的詩籤販賣機。

10/

品《しな》ぞろえが豊富《ほうふ》な専門店街《せんもんてんがい》！

東京《とうきょう》のかっぱ橋《ばし》、大阪《おおさか》の道具《どうぐ》屋筋《やすじ》といえば、調理器具《ちょうりきぐ》を扱《あつか》う店《みせ》がずらりと並《なら》ぶ専門店街《せんもんてんがい》ですが、台湾《たいわん》にもさまざまな専門店街《せんもんてんがい》があり、手軽《てがる》に値段《ねだん》の比較《ひかく》や買《か》い物《もの》のハシゴができます。競合店《きょうごうてん》が軒《のき》を並《なら》べているので、自然《しぜん》と価格競争《かかくきょうそう》が起《お》こり、店《みせ》によってはおまけをつけてくれたり、端数《はすう》を切《き》り捨《す》ててくれたりするところもあります。また、週末《しゅうまつ》セールや雨《あめ》の日《ひ》セールをやっていたりするので、お買《か》い得《どく》な商品《しょうひん》がゲットできることも少《すく》なくありません。

特《とく》に台北《たいぺい》は専門店街《せんもんてんがい》が多《おお》く、書《しょ》籍《せき》や雑誌《ざっし》なら台北駅《たいぺいえき》そばの「重慶《じゅうけい》南路《なんろ》」、パソコンや周辺機器《しゅうへんきき》、携《けい》帯電話《たいでんわ》なら「光華商場《こうかしょうじょう》」や台北駅《たいぺいえき》前《まえ》の「五鉄秋葉原《ごてつあきはばら》」、「NOVA資《ズー》訊広場《シュングアンチャン》」、アニメグッズなら「台《たい》北地下街《ぺいちかがい》」や西門町《せいもんちょう》の「万年商業《ワンニエンシャンイエ》大楼《ダーロウ》」（万年《まんねん》ビル）、服《ふく》やアクセサリーなら松山《まつやま》の饒河街観光夜市《じょうかがいかんこうよいち》の近《ちか》くにある「五分埔《ごふんほ》」、乾物《かんぶつ》やお茶《ちゃ》なら「迪化街《てきかがい》」、布《ぬの》なら迪化《てきか》街《がい》にある「永楽市場《えいらくいちば》」といった具《ぐ》合《あい》にいろいろあります。

買《か》い物《もの》をする際《さい》、台湾《たいわん》の方《ほう》が物価《ぶっか》が安《やす》いので、レートで日本円《にほんえん》に換算《かんさん》するとどうしても安《やす》いと錯覚《さっかく》してしまいがちです。桃太《ももた》郎《ろう》のように例《たと》えば100元《げん》だったら1000円《えん》という具合《ぐあい》に、台湾《たいわん》の価格《かかく》にゼロを1個《こ》付《つ》け足《た》して日《に》本円《ほんえん》と比《くら》べてみた方《ほう》が、比較的客《ひかくてききゃっ》観的《かんてき》に判断《はんだん》できるかもしれませんよ。

台北駅前にある「NOVA 資訊広場」／位於台北車站對面的「NOVA 資訊廣場」

10/ 商品應有盡有的專門店街！

日本東京的合羽橋及大阪的道具屋筋，是專賣鍋碗瓢盆的店家密集的專門店街，台灣也有各種專門店街，可以輕鬆比價或跨店血拼。因為性質相同的店家密集，競爭之下，商品價格自然會往下降，也有消費就送贈品或去尾數的店家。還有週末特賣或雨天特賣等，所以常買得到物超所值的商品。

尤其是台北，專門店街特別多，種類也五花八門，如要買書籍或雜誌就要到台北車站附近的「重慶南路」；要買電腦及電腦周邊商品、手機要到「光華商場」或台北車站對面的「五鐵秋葉原」、「NOVA資訊廣場」；要買動漫周邊商品要到「台北地下街」或西門町的「萬年商業大樓」；要買衣服或飾品就要到松山饒河街觀光夜市附近的「五分埔」；要買乾物或茶葉到「迪化街」；要買布料則是迪化街的「永樂市場」等。

台灣的物價比日本便宜，所以買東西的時候，用匯率換算成日幣往往會有東西很便宜的錯覺。如果要換算成日幣，像桃太郎一樣，台幣的價格再加一個零後想成是日幣，例如１００元台幣就當做１０００日幣，這樣一來或許可以比較客觀地來判斷是否真的便宜。

本屋がずらりと並ぶ重慶南路／
眾多書店林立的重慶南路

A 本屋街《ほんやがい》～重慶南路《じゅうけいなんろ》

台湾《たいわん》には日本《にほん》のような再販制《さいはんせい》度《ど》がないので、本《ほん》や雑誌《ざっし》を定価販《ていかはん》売《ばい》されているコンビニで買《か》うよりも割引《わりびき》のある本屋《ほんや》で買《か》った方《ほう》がお得《とく》。台北駅《たいぺいえき》そばの「重慶南路《じゅうけいなんろ》」は、書店《しょてん》がずらりと軒《のき》を並《なら》べていて、定価《ていか》の1割引《わりびき》が当《あ》たり前《まえ》になっています。また、台湾《たいわん》では新刊《しんかん》が発売《はつばい》されると一定期間《いっていきかん》「79折《ヅァ》」（21％引《びき》）で販売《はんばい》されることが多《おお》いです。

それから台湾《たいわん》の書店《しょてん》にはソファーやいすがあるところも少《すく》なくなく、立《た》ち読《よ》みならぬ「座《すわ》り読《よ》み」もでき、内容《ないよう》を十分吟味《じゅうぶんぎんみ》してから、購入《こうにゅう》することもできます。

書店街～重慶南路

在台灣不像日本有法律規定特定商品須以定價零售的「再販制度」，所以到有折扣的書店買書或雜誌比在便利商店用定價買划算。台北車站附近的「重慶南路」有多家書店林立，每家都至少有九折以上的折扣。還有，在台灣新書一上市常常就有限時優惠79折。

另外，不少台灣的書店店內有提供沙發或椅子，不用站著看免費書，而可以「坐著看免費書」，所以也可以先看清楚書的內容後再購買。

パソコンショップが軒を連ねる八徳路／有不少電腦店的八德路

B パソコン街《がい》～光華商場《こうかしょうじょう》

台湾《たいわん》の秋葉原《あきはばら》といわれている「光華商場《こうかしょうじょう》」。かつての光華商場《こうかしょうじょう》が撤去《てっきょ》されて新《しん》ビル「光華数位新天地《こうかすういしんてんち》」が開業《かいぎょう》してからもかつての愛称《あいしょう》で親《した》しまれています。新《しん》ビルとすぐそばの八徳路《はちとくろ》には、パソコンショップやケータイショップがたくさんあります。声《こえ》をかければ、店頭《てんとう》に提示《ていじ》してある価格《かかく》より安《やす》くしてもらえることもよくあります。

中《なか》には「３Ｃ」と書《か》かれた看板《かんばん》を掲《かか》げている店《みせ》もありますが、これは「パソコン」（Ｃｏｍｐｕｔｅｒ）、「ケータイ」（Ｃｏｍｍｕｎｉｃａｔｉｏｎ）、「家電《かでん》」（Ｃｏｎｓｕｍｅｒ）を扱《あつか》う店《みせ》のことです。

電腦街～光華商場

「光華商場」有台灣秋葉原之稱，昔日的光華商場被拆除之後，新大樓「光華數位新天地」正式啟用，仍舊以光華商場的名稱受民眾的青睞。而新大樓旁的八德路上，有不少電腦店及手機店。只要開口問，有時候能以低於掛牌的價格買到商品。

有些店家的招牌上有寫「3C」，這代表販賣「電腦」（Computer）、「手機」（Communication）、「家電」（Consumer）

C 服飾街《ふくしょくがい》～五分埔《ごふんほ》

いろいろな洋服が手に入る五分埔／各種服裝應有盡有的五分埔

饒河街観光夜市《じょうかがいかんこうよいち》の近《ちか》くにある「五分埔《ごふんほ》」には、洋服《ようふく》をはじめ、チャイナドレス、アクセサリーなどを扱《あつか》う問屋《とんや》が約《やく》1000軒《けん》もあり、ここで商品《しょうひん》を仕入《しい》れている店《みせ》や露天商《ろてんしょう》も少《すく》なくありません。

奇抜《きばつ》なデザインの服《ふく》や1枚《まい》100元《げん》の服《ふく》、無造作《むぞうさ》に袋《ふくろ》に詰《つ》められた格安《かくやす》の服《ふく》などがあったりしますが、問屋街《とんやがい》なので小売《こうり》に対応《たいおう》していない店《みせ》もあり、「不零售《ブーリンショウ》」と書《か》かれていたりします。また、毎週月曜日《まいしゅうげつようび》は仕入《しい》れ日《び》になっていて小売《こう》りしてもらえない店《みせ》が多《おお》いので、行《い》くなら月曜日《げつようび》は避《さ》けた方《ほう》が無難《ぶなん》です。

服飾街～五分埔

位於饒河街觀光夜市附近的「五分埔」，有1000家左右的批發商，販賣衣服、旗袍、飾品等，不少擺攤、開店做生意的人都來這裡進貨。

有獨特設計的衣服、1件100元的衣服、隨性地放在塑膠袋裡的超低價衣服等。不過五分埔的店家幾乎都是批發商，所以有的店家沒有零售，這種店有的有掛「不零售」的牌子。還有，每星期一是進貨日，所以大部分的店家都不零售，要到五分埔最好避開星期一比較保險。

D オタクビル～万年商業大楼《ワンニエンシャンイエダーロウ》

オタクビルとして漫画《まんが》やアニメファンの若者《わかもの》に親《した》しまれている西《せい》門町《もんちょう》の「万年商業大楼《ワンニエンシャンイエダーロウ》」。といっても漫画《まんが》やアニメ関連《かんれん》のフィギュアやグッズを扱《あつか》っている店《みせ》はだいたい4階《かい》に集中《しゅうちゅう》していて、2階《かい》、3階《かい》には裏原宿風《うらはらじゅくふう》のアクセサリーや服《ふく》を扱《あつか》っている店《みせ》が少《すく》なくなく、漫画《まんが》やアニメファンではない若者《わかもの》も足《あし》を運《はこ》んでいます。

4階《かい》には日本《にほん》のガチャガチャがずらりと並《なら》んでいるので、桃太郎《ももたろう》はよくここへ足《あし》を運《はこ》び、日本《にほん》で今《いま》どんなものがはやっているのかをチェックしています。

オタクビルの異名を持つ万年商業大楼／有御宅族大樓之稱的萬年商業大樓

御宅族大樓～萬年商業大樓

西門町的「萬年商業大樓」以御宅族大樓之姿擄獲動漫迷的心，不過有賣動漫相關商品的店家比較集中在4樓，2、3樓有不少「裏原宿」風格的服飾店，所以不是動漫迷的年輕人也會到這棟大樓。

4樓有為數不少的扭蛋機，所以桃太郎常到此了解現在在日本流行的到底是怎麼樣的東西。

桃太郎のコレクション／桃太郎的收藏品

CHAPTER 03

知っておきたい台湾の文化と習慣

應該要知道的台灣的文化及習慣

01/

コレが台湾流《たいわんりゅう》おもてなし？！

日本《にほん》で「是非《ぜひ》、遊《あそ》びに来《き》てください」といったら、社交辞令《しゃこうじれい》であることが圧倒的《あっとうてき》に多《おお》いと思《おも》いますが、台湾《たいわん》ではその逆《ぎゃく》。社交辞令《しゃこうじれい》だと思《おも》って聞《き》き流《なが》していたら、「いついらっしゃるんですか？」と催《さい》促《そく》されることすらあります。

そして実際《じっさい》にお宅《たく》を訪《たず》ねてみると……そこに待《ま》っているのは台湾《たいわん》流《りゅう》のおもてなし！まずは飲《の》み物《もの》に始《はじ》まり、お菓子《かし》やフルーツが次々《つぎつぎ》に出《で》てくることがよくあります。

まるでVIPになったかのような気分《きぶん》に浸《ひた》り、時《とき》が経《た》つのを忘《わす》れていたら、今度《こんど》は「晩《ばん》ご飯《はん》も準備《じゅんび》してあるから」と、テーブルにおいしそうな食《た》べ物《もの》がずらりと並《なら》べられていきます。

「それはちょっと大《おお》げさじゃないか？」と思《おも》われるかもしれませんが、台湾《たいわん》を何度《なんど》も訪《おとず》れたことのある日本人《にほんじん》なら、台湾滞在中《たいわんたいざいちゅう》にレストランでごちそうになったり、おみやげをもらったり、名《めい》所《しょ》を案内《あんない》してもらったりしたという経験《けいけん》のひとつやふたつはあることでしょう。これが台湾人《たいわんじん》の「好客《ハオカー》」なのです。

食べ過ぎ注意？／小心吃太多？

この言葉《ことば》を日本《にほん》の中日《ちゅうにち》辞典《じてん》で調《しら》べてみると、「客好《きゃくず》き」と載《の》っていることが多《おお》いですが、台湾《たいわん》では単《たん》に客《きゃく》が好《す》きという意味《いみ》ではなく、「おもてなし好《ず》き」というニュアンスも含《ふく》まれています。もちろん全《ぜん》員《いん》がそうというわけではないのですが、お客《きゃく》さんが訪《たず》ねてきたことを喜《よろこ》び、労《ろう》をいとわずもてなすという人《ひと》が少《すく》なくないように思《おも》います。

日本人《にほんじん》の中《なか》には台湾人《たいわんじん》のおもてなしを受《う》けてばかりという人《ひと》もいますが、台湾《たいわん》には「**吃人一口《チーレンイーコウ》、還《ファン》人一斗《レンイードウ》**」という言葉《ことば》もあります。一口《ひとくち》のご飯《はん》をいただいたら、一斗《いっと》の米《こめ》を返《かえ》す、つまり「恩《おん》を受《う》けたら数倍《すうばい》にして返《かえ》す」という意味《いみ》です。かといっておもてなしを受《う》けなかったり、レストランでワリカンというのも、年配《ねんぱい》の方《かた》に対《たい》しては失礼《しつれい》に当《あ》たる場合《ばあい》があるので、代《か》わりに手《て》みやげを持《も》って行《い》くといった気遣《きづか》いも必要《ひつよう》でしょう。

当然《とうぜん》、台湾《たいわん》でもてなしてくれた台湾人《たいわんじん》が日本《にほん》へ来《き》た場合《ばあい》は、台《たい》湾《わん》でアウェーだった日本人《にほんじん》が日本《にほん》ではホームになりますから、今度《こんど》は日本人《にほんじん》がおもてなしをする番《ばん》です。残念《ざんねん》ながら、台湾《たいわん》でさんざん台湾人《たいわんじん》に世話《せわ》になっておきながら、台湾人《たいわんじん》が日本《にほん》を訪《たず》ねたときはつれない態度《たいど》を取《と》るという人《ひと》がいるようです。日本《にほん》にも「一宿一飯《いっしゅくいっぱん》の恩義《おんぎ》」という言葉《ことば》があることを忘《わす》れてはいけません。

そうそう、桃太郎《ももたろう》が台湾《たいわん》に来《き》たばかりのころ、このおもてなし攻撃《こうげき》（？）を受《う》けてよくお腹《なか》を壊《こわ》していました。食《た》べられないのに次々《つぎつぎ》に出《で》てくるものを無理《むり》して食《た》べていたからです。ですから、そういうときは「**呷飽《ジャッパー》**」といってもうお腹《なか》いっぱいであることをハッキリ伝《つた》えましょう。

桃太郎《ももたろう》の一言《ひとこと》アドバイス？

ご厚意《こうい》に対《たい》して遠慮《えんりょ》は不要《ふよう》。ただし手《て》みやげなどの気遣《きづか》いも忘《わす》れずに。

01/

這就是台灣式的招待?!

如果在日本有人說：「有空來坐坐」，應該多半是客套話，但是在台灣則並非如此，原本以為只是說說而已，結果不是。甚至有人會一直問：「什麼時候來呢？」

然後真的過去坐坐就會體驗到台灣式的好客招待！從飲料到餅乾、水果，一個接一個端上來，彷彿自己是VIP一般，這可是常有的事。而時間飛快地過去，到了該告辭的時刻，主人卻說：「留下來一起吃晚餐吧」，桌上擺滿了看起來好吃的拿手菜。

或許有人會懷疑太誇張了，但是來過台灣好幾次的日本人應該多多少少都有接受台灣人招待的經驗吧：如在餐廳被請客、收到伴手禮、被帶到觀光景點等。這就是台灣人的「好客」。

翻開日本的中日辭典，好客的解釋通常是「喜歡客人」，不過在台灣不僅是有喜歡客人的意思，另有「喜歡招待」的含意。當然不是所有台灣人都如此，但是應該不少台灣人對於客人的來訪感到高興，並會盡力招待客人。

有些日本人一直受台灣人的招待卻不招待台灣人，這樣不太好。台灣俗話說「吃人一口，還人一斗」：受招待吃了一口飯，要還人一斗米，意思是「受了恩惠就要加倍還給對方」。不過如果對方是長輩，婉拒招待或在餐廳自己付錢，這可能是不給面子的行為，所以應該以帶伴手禮等方式替代，表示心意。

在台灣受了招待，他們來日本就換我們日本人要招待台灣人了，因為日本人在台灣是客人，但是在日本是主人。不過聽說也有這樣的人：在台灣受到不少台灣人的照顧，台灣人來日本時卻愛理不理的，令人非常遺憾。日本也有跟台灣類似的俗語「一頓飯、住一晚之恩」，身為日本人一定要銘記於心。

順便一提，桃太郎剛來台灣時，常受到食物招待攻擊，因為沒吃完不好意思，明明已經吃不下還硬要塞下去，結果常吃壞肚子。所以囉，如果真的吃不下不要勉強，說句「呷飽」就Ok，明白地告訴對方已經吃飽了喔。

桃太郎的小小建議？

對別人的招待不用推辭，但是別忘了表示心意如帶伴手禮等。

02/

今年《ことし》も金持《かねも》ちになろう？！

飾りもお金と関わりが…／春聯也跟錢有關……

日本《にほん》での新年《しんねん》のあいさつといえば「明《あ》けましておめでとうございます。今年《ことし》もよろしくお願《ねが》いします」ですが、台湾《たいわん》ではおめでとうの後《うし》ろに「今年《ことし》もお金持《かねも》ちになって下《くだ》さい」と続《つづ》けます。中国語《ちゅうごくご》で「**恭禧發財**《ゴンシーファーツァイ》」といいます。

新年早々《しんねんそうそう》、そんなことを言《い》われるとドン引《び》きしてしまうかもしれませんが、それが台湾《たいわん》では当《あ》たり前《まえ》。平気《へいき》で人《ひと》の収入《しゅうにゅう》を尋《たず》ねる人《ひと》もいます。さすがに若《わか》い世代《せだい》では、収入《しゅうにゅう》を聞《き》く人《ひと》は少《すく》なくなってきている感《かん》じがしますが、それでも身《み》の回《まわ》りのものについて「それいくらだった？」と聞《き》いてくることはよくあります。お金《かね》に対《たい》する感覚《かんかく》が日本人《にほんじん》とはちょっと違《ちが》うのかもしれません。

また、いずれは脱《だつ》サラして独《どく》立《りつ》し、小《ちい》さくてもいいから一国《いっこく》の主《あるじ》になりたいと考《かんが》えている人《ひと》は意《い》外《がい》に多《おお》く、サイドビジネスを手《て》がけたり、アフターファイブに露店《ろてん》を出《だ》したりしてそのための資金《しきん》を稼《かせ》いでいる人《ひと》も少《すく》なくないようです。ファストフード店《てん》やコーヒーショップにいると、保険《ほけん》や投資《とうし》、マルチ商法《しょうほう》の勧誘《かんゆう》をやっている人《ひと》をよく見《み》かけます。こうしてまとまった金《かね》をためたり、たのもし講《こう》を運用《うんよう》したりして独立《どくりつ》することになるわけですが、中《なか》にはお世話《せわ》になった会社《かいしゃ》やお店《みせ》を辞《や》める際《さい》に客《きゃく》を根《ね》こそぎ持《も》って行《い》くのれん分《わ》けならぬ「のれん奪《うば》い」をする不《ふ》届《とど》き者《もの》も極《きわ》めて少数《しょうすう》ですがいるので、台湾《たいわん》で事業《じぎょう》を展開《てんかい》する場合《ばあい》、その辺《へん》は注意《ちゅうい》が必要《ひつよう》でしょう。

それからマーケティング手法《しゅほう》でも「もうかる」という言葉《ことば》が多用《たよう》されます。例《たと》えば1000元《げん》の商《しょう》品《ひん》が2割引《わりびき》なら、日本《にほん》だと「200元《げん》のお得《とく》」となるのでしょうが、台湾《たいわん》では「現賺《シエンヅアン》200元《ユエン》」（その場《ば》で200元《げん》もうかる）となることが多《おお》いのです。「もうかる」と

いう言葉《ことば》に敏感《びんかん》なのかもしれませんね。

桃太郎《ももたろう》の一言《ひとこと》アドバイス？

収入《しゅうにゅう》を聞《き》かれたら、「そんなに稼《かせ》いでませんよ」と答《こた》えてお茶《ちゃ》を濁《にご》しましょう。

02/ 今年也要發財?!

在日本新年的問候語就是「新年快樂，今年也多多關照。」但是在台灣就不同了，除了祝賀新年還外加「發財」兩字，也就是會說「恭禧發財」。

一開春，如果聽到這樣的問候，日本人或許會覺得很納悶，但是在台灣就一點也不奇怪，甚至有人會很不客氣地問別人的收入！雖然感覺年輕一輩的人越來越不會問這麼白目的問題，但還是不少人看到別人的東西會問：「你買這個多少錢啊？」或許台灣朋友對錢的看法跟日本人不太一樣。

不管規模多小就是想當老闆而暫時成為上班族的人也滿多的。為了創業，有的人從事副業，有的人下班後擺攤籌備資金，這樣的情形也好像不少。而在速食店、咖啡店等場所常看到拉保險的或做直銷的人，就是用這樣的方式賺取一筆錢，或者標會來籌備資金而後自己創業；不過離開公司或店家時，也有極少數把所有客人都帶走的無恥之徒，不像在日本那樣經過老闆同意才分家，而是自行分家，所以如果日本人要在台灣創業，要留意這一點比較好。

還有常看到「賺」字的行銷手法。例如１０００元的商品打八折時，在日本的廣告詞應該會是「省２００元」，但是在台灣不少店家會打出「現賺２００元」的廣告。或許台灣朋友對「賺」一字比較敏感吧……。

お正月の飾り「春聯」／過年的裝飾品「春聯」

桃太郎的小小建議？

如果被問起收入，請回答「吃不飽餓不死」敷衍一下吧。

03/

毎月《まいつき》いくら稼《かせ》いでるの？！

初対面《しょたいめん》の人《ひと》に「毎月《まいつき》いくら稼《かせ》いでいるんですか？」なんて聞《き》かれたら、日本人《にほんじん》なら不愉快《ふゆかい》になる人《ひと》も少《すく》なくないと思《おも》いますが、台湾《たいわん》ではそう聞《き》かれることが意外《いがい》とよくあります。若《わか》い世代《せだい》になると、欧米的思想の影響があるのか、それは失礼《しつれい》だと思《おも》っている人《ひと》もいるようで、年代《ねんだい》が下《さ》がるにつれてこうした人《ひと》のプライバシーには触《ふ》れない傾向《けいこう》が強《つよ》くなっている感《かん》じがします。

ただ、「プライバシー」の範疇《はんちゅう》が日本人《にほんじん》とは微妙《びみょう》に異《こと》なることもあり、恋人《こいびと》の有無《うむ》、婚姻状態《こんいんじょうたい》、両親《りょうしん》の職業《しょくぎょう》から、時《とき》には学歴《がくれき》や家賃《やちん》なんかまで尋《たず》ねられることもあります。特《とく》に家族《かぞく》や恋人《こいびと》に関《かん》して聞《き》くのは、「相手《あいて》のことをもっと理解《りかい》しよう」という思《おも》いが無意識《むいしき》に働《はたら》いているのではないかと思《おも》います。だから初対面《しょたいめん》の人《ひと》との間《あいだ》に壁《かべ》を作《つく》ったりせずに、「相手《あいて》にもっと自分《じぶん》のことを知《し》ってもらおう」と自分《じぶん》をさらけ出《だ》す人《ひと》が多《おお》いのでしょう。それで初対面《しょたいめん》の台湾人《たいわんじん》とでも旧知《きゅうち》の仲《なか》のように親《した》しくできることがあるのです。

この台湾人《たいわんじん》の「ストレート」な

見られたくない通帳？／不想給別人看的存摺？

部分《ぶぶん》に最初《さいしょ》は戸惑《とまど》うかもしれませんが、逆《ぎゃく》に日本人《にほんじん》慣《な》れしていない台湾人《たいわんじん》は日本人《にほんじん》の「あいまいさ」に面食《めんく》らうこともあります。これは国民性《こくみんせい》の違《ちが》いなので、どちらがいいとか悪《わる》いとかいうことは決《けっ》してありませんが、この「違《ちが》い」を知《し》らずに台湾人《たいわんじん》と付《つ》き合《あ》うと、思《おも》わぬ落《お》とし穴《あな》に落《お》ちることもあります。

　特《とく》に日本人《にほんじん》の「社交辞令《しゃこうじれい》」は、台湾人《たいわんじん》の誤解《ごかい》を招《まね》くことがよくあります。先日《せんじつ》、街《まち》で知《し》らない日本《にほん》人観光客《じんかんこうきゃく》に道《みち》を教《おし》えている台湾人《たいわんじん》を見《み》かけたときのことです。日本《にほん》人《じん》が別《わか》れ際《ぎわ》に「日本《にほん》に来《き》たら案内《あんない》しますね」と社交辞令《しゃこうじれい》で言《い》った言《こと》葉《ば》に、その台湾人《たいわんじん》、なんと「じゃ、連絡先《れんらくさき》教《おし》えてください」と返《かえ》し、日本人《にほんじん》を困《こま》らせていました。日本《にほん》語《ご》が話《はな》せる人《ひと》でも、その字面通《じづらどお》りに解釈《かいしゃく》してしまう人《ひと》が意外《いがい》と多《おお》いので注意《ちゅうい》が必要《ひつよう》です。

　また、レストランなどで同伴者《どうはんしゃ》が何《なに》かを注文《ちゅうもん》すると、日本人《にほんじん》は気《き》を遣《つか》って「じゃ、私《わたし》もそれで」と同《おな》じものを頼《たの》んでしまいがちですが、台湾《たいわん》ではそんな遠慮《えんりょ》は禁物《きんもつ》。先《さき》に料理《りょうり》が出《で》て来《き》ても相手《あいて》を待《ま》つ必要《ひつよう》がないので、自分《じぶん》の好《す》きなものを頼《たの》んでも差《さ》し支《つか》えないでしょう。

　桃太郎《ももたろう》も台湾《たいわん》に来《き》たばかりのころは、日本人《にほんじん》の「あいまいさ」「謙虚《けんきょ》さ」を中国語《ちゅうごくご》に天《てん》こ盛《も》りにしていました。「それはちょっと……」と断《ことわ》れば、「ちょっとどうなの？」と返《かえ》され、「近《ちか》いうちに」と別《わか》れ際《ぎわ》に言《い》えば、「それっていつ？」とツッコまれ、「あまりうまくない」と言《い》えば、本当《ほんとう》に「下手《へた》」だと思《おも》われて仕事《しごと》に影響《えいきょう》したり。今《いま》ではもう慣《な》れてしまい、逆《ぎゃく》に日本人《にほんじん》が相手《あいて》のときにうっかり「ストレート」になったりしますが……。

桃太郎《ももたろう》の一言《ひとこと》アドバイス？

日本人《にほんじん》の「あいまいさ」「謙虚《けんきょ》さ」が台湾《たいわん》では逆《ぎゃく》にあだになることもあります。

03/

每個月賺多少錢?!

如果被初次見面的人問到：「每個月賺多少錢？」大概會讓大部分的日本人感到不愉快，不過在台灣這樣問的人比想像中還多。我覺得年輕一輩的人可能受歐美思想的影響，可能也有覺得這樣問沒有禮貌的人，像這樣不談及個人隱私，有年紀越輕越明顯的傾向。

雖然是這樣，但是「個人隱私」所涵蓋的範圍跟日本有些微不同，像是也會被詢問有無男女朋友、婚姻狀態、父母職業到學歷、房租等。其實台灣人會問起家人或男女朋友的事，應該是無意中產生了「多了解對方」的心理作用的關係，所以即使是初次見面，大多數的人也不會在心裡築道牆，而是以「讓對方多了解自己」的心態，全盤托出自己的想法。因為如此，即使是第一次見面的台灣人，也會讓人覺得像老朋友般的親切。

這種台灣人的「有話直說」的個性，一開始可能會讓日本人困惑，相對的日本人的「拐彎抹角」的個性，對很少跟日本人接觸的台灣人來說，或許也會感到霧煞煞。這是國情差異，所以並沒有所謂的好壞，不過有時候會因不了解這個「差異」，和台灣人交往時，就會產生意想不到的誤會。

尤其日本人的「客套話」是最容易引起台灣人誤會的。有一次在街上看到有位台灣人為日本觀光客指引道路，日本人要走時對這位台灣人客套地說：「如果來日本的話就帶妳去玩」，結果這位台灣人竟然問：「那麼，請告訴我你的聯絡方式」，讓日本人的臉上出現三條線。在台灣會講日文的人，很多也不見得都了解話中有話，只照字面的意思來解釋，所以這一點必須要留意。

另外，在餐廳點餐時，日本人常會顧慮到別人，一旦有人先點了什麼就會說：「那，我也要一樣的」然後跟著點一樣的東西，不過在台灣就不需要那麼客氣。由於在台灣，就算餐點先來也不用等對方就可以先吃，所以點自己喜歡的就可以了。

桃太郎剛來台灣時，講中文時也以日本人的心態又「拐彎抹角」又「謙虛」。要拒絕時說：「有一點……」就被問：「有一點怎麼樣？」；道別時說：「改天找個機會」就被問：「改天是什麼時候？」；謙虛地說：「我不太會」結果被以為真的「不太會」而影響到工作。現在已經都習慣台灣了，反而對方是日本人時也會不小心「有話直說」……。

桃太郎的小小建議？

日本人的「拐彎抹角」或「謙虛」，在台灣有時候反而會得到不好的結果。

04/

よくある口《くち》グセ「3M」？！

台湾在住《たいわんざいじゅう》の一部《いちぶ》の日本人《にほんじん》の間《あいだ》でささやかれている「３Ｍ」。といってもテープのブランドではありません。台湾人《たいわんじん》がよく口《くち》にする「沒問題《メイウェンティ》」「沒關係《メイグアンシー》」「沒辦法《メイバンファ》」を指《さ》す言葉《ことば》で、頭文字《かしらもじ》「沒《メイ》」の中《ちゅう》国語《ごくご》の発音《はつおん》「Ｍｅｉ」の「Ｍ」からきています。

まずは「沒問題《メイウェンティ》」。日本語《にほんご》に訳《やく》すと「大丈夫《だいじょうぶ》」になりますが、台湾人《たいわんじん》が安易《あんい》に何《なに》かを引《ひ》き受《う》けたり、簡単《かんたん》に口約束《くちやくそく》したりする際《さい》に発《はっ》することがある言葉《ことば》です。もちろん本当《ほんとう》に「沒問題《メイウェンティ》」のときもありますが、安請《やすう》け合《あ》いしている場《ば》合《あい》もあるので気《き》をつける必要《ひつよう》があります。特《とく》にこの言葉《ことば》を連発《れんぱつ》する人《ひと》には要注意《ちゅうい》。安請《やすう》け合《あ》いの常習《じょうしゅう》犯《はん》の可能性《かのうせい》があります。

続《つづ》いて「沒關係《メイグアンシー》」。こちらも日《に》本語《ほんご》に訳《やく》すと「大丈夫《だいじょうぶ》」になりますが、「気《き》にしなくていい」「かまわない」というニュアンスも含《ふく》まれています。主《おも》にこちらが謝《あやま》ったりした際《さい》の返事《へんじ》として使《つか》われることが多《おお》いのですが、時《とき》には気《き》を付《つ》けなければならない場合《ばあい》もあります。例《たと》えば、車《くるま》で来《き》ているからとお酒《さけ》を断《ことわ》ったら、「沒關係《メイグアンシー》」といってお酒《さけ》を飲《の》まされたりするこ

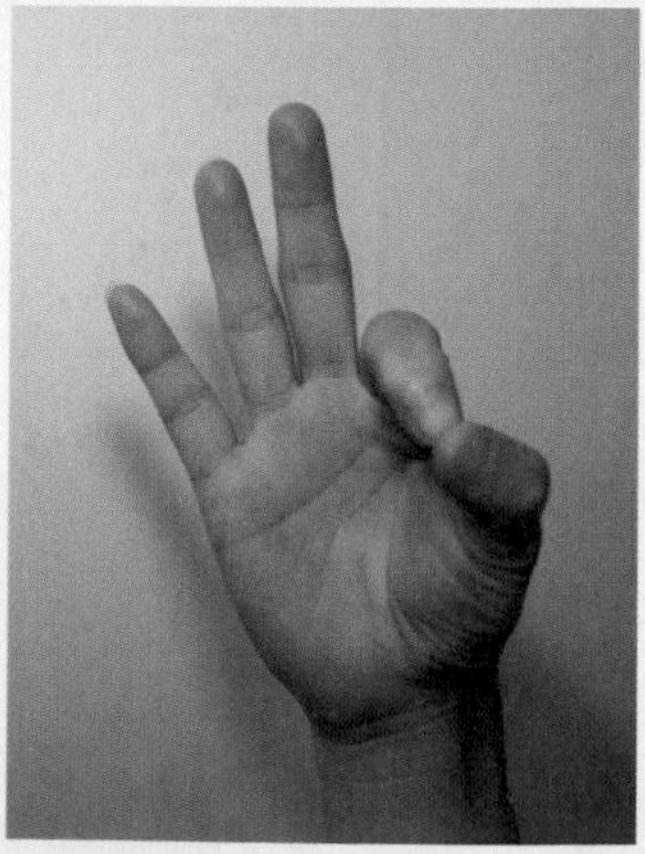

このOKには要注意？／要小心這個 OK ？

とがあります。これは全然《ぜんぜん》「**沒關係**《メイグァンシー》」じゃありません。「乗《の》るなら飲《の》むな、飲《の》むなら乗《の》るな」です。諦《あきら》めて車《くるま》を置《お》いて帰《かえ》るか、どうしても運転《うんてん》したいなら、ハッキリ断《ことわ》るしかありません。

また、自分《じぶん》の勝手《かって》な基準《きじゅん》で「**沒關係**《メイグァンシー》」と言《い》っている場合《ばあい》もあるので、きちんと確認《かくにん》した方《ほう》がいい場《ば》合《あい》もあります。例《たと》えば、「大丈夫《だいじょうぶ》か？」と尋《たず》ねるとき。「居留証《きょりゅうしょう》の期限《きげん》が今日《きょう》で切《き》れるけど、大丈夫《だいじょうぶ》か？」と尋《たず》ねて、「一兩天《イーリャンテエン》『**沒關係**《メイグァンシー》』」（一《いち》、二日《ふつか》ならかまわない）と言《い》われて安心《あんしん》してはいけません。居留証《きょりゅうしょう》の期限《きげん》が切《き》れたら、いったん出国《しゅっこく》して、ビザを再申請《さいしんせい》しなければいけない上《うえ》、罰金《ばっきん》も課《か》せられてしまいます。

最後《さいご》に「**沒辦法**《メイバンファ》」。「仕方《しかた》がない」という意味《いみ》で、よくこの言《こと》葉《ば》を連発《れんぱつ》する人《ひと》がいます。ある意《い》味《み》、諦《あきら》めがよく、楽観的《らっかんてき》だとも言《い》えなくはありませんが、単《たん》なる言《い》い訳《わけ》に過《す》ぎないこともあり、特《とく》にビジネスの場《ば》では「**沒辦法**《メイバンファ》」ではすまされないこともあるでしょう。ただ、台湾人《たいわんじん》のこの言葉《ことば》に対《たい》する許容度《きょようど》は日本人《にほんじん》に比《くら》べるとかなり高《たか》く、例《たと》えば、遅刻《ちこく》した際《さい》に「渋滞《じゅうたい》だった」「駐車場《ちゅうしゃじょう》が見《み》つからなかった」という言《い》い訳《わけ》の前《まえ》に「**沒辦法**《メイバンファ》」を付《つ》け加《くわ》えると、おとがめなしということも少《すく》なくありません。

かくいう桃太郎《ももたろう》も「**沒辦法**《メイバンファ》」という言葉《ことば》にすっかり慣《な》れてしまい、そう言《い》われてあっさり納得《なっとく》してしまうことが増《ふ》えてしまいました……。本当《ほんとう》に「**沒辦法**《メイバンファ》」ですね。

桃太郎《ももたろう》の一言《ひとこと》アドバイス？

「沒問題《メイウェンティ》」「沒關係《メイグァンシー》」「沒辦《メイバン》法《ファ》」の「3M」を聞《き》いたら、油断《ゆだん》は禁物《きんもつ》です。

04/

常聽到的口頭禪「3M」?!

住在台灣的部分日本人之間口耳相傳著「3M」。這並不是膠帶的品牌，而是指台灣人的三大口頭禪「沒問題」、「沒關係」、「沒辦法」，這三句的第一個字都是「沒」，中文發音是「Mei」，也就是這個「M」。

首先要解釋的是「沒問題」。日文的翻譯是寫「大丈夫」，台灣人隨便答應別人或口頭約定時可能會講這句話。當然也會有真的「沒問題」的情形，但是也會有順口答應的情形，所以聽到這句話最好要特別留意。尤其是對常把這句話掛在嘴邊的人要特別注意，因為他很可能是習慣性的順口答應。

接下來要解釋的是「沒關係」。日文的翻譯一樣是寫「大丈夫」，但是有「不用放在心上」、「不會有問題」等含意，主要是別人道歉時回應的話。不過有時候要小心，例如因為是開車來的，所以婉拒喝酒，有人會說句「沒關係」，然後就叫待會要開車的人喝酒。這可一點都不是「沒關係」，「喝酒不開車，開車不喝酒」，所以遇到這樣的情形只好放棄開車回去。如果一定要開車，絕對要堅持不喝酒。

還有，有人可能是以自己的標準來說「沒關係」，所以聽到這句話有時候需要自己去確認。例如要確認事情時問別人：「我的居留證今天到期，沒有問題嗎？」時，如果對方回答：「一兩天『沒關係』」，相信這句話而放心可就大錯特錯了。如果居留證到期前沒有申請換發，必須要先離開台灣，在國外重新辦理簽證再入境，而且還會被罰款。

最後要解釋的是「沒辦法」。有人常講出這句話來表示「無法度」。換個角度看，這樣的人或許比較樂觀、不太會鑽牛角尖，但是有時候這樣講只是個藉口，在商業場合不見得說句「沒辦法」就能了事。不過台灣人對這句話的接受度是比日本人高許多。例如遲到時以「塞車」或「找不到停車場」等藉口前面加句「沒辦法」，不少台灣人就不會責怪。

雖然桃太郎這樣說，但是自己也已經習慣了這句話，聽到「沒辦法」時常常感覺完全可以理解……。真是拿自己「沒辦法」啦～。

桃太郎的小小建議？

聽到「沒問題」、「沒關係」、「沒辦法」的「3M」，千萬不能掉以輕心。

05/

有名《ゆうめい》なのに参拝料《さんぱいりょう》が不要《ふよう》？！

京都《きょうと》や奈良《なら》の有名《ゆうめい》なお寺《てら》に行《い》くと必《かなら》ずといっていいほど参拝料《さんぱいりょう》を取《と》られますが、台湾《たいわん》の廟《びょう》やお寺《てら》は、「行天宮《ぎょうてんぐう》」「龍山寺《りゅうざんじ》」のように有名《ゆうめい》なところでも、無料《むりょう》で参拝《さんぱい》できます。しかも「**平安符**《ピンアンフー》」と呼《よ》ばれるお守《まも》りを無料《むりょう》でいただけたり、「**詩籤**《シーチエン》」と呼《よ》ばれるおみくじを無料《むりょう》で引《ひ》けたりします。

とはいっても多《おお》くの台湾人《たいわんじん》が、お守《まも》りをいただいたり、おみくじを引《ひ》いたりした際《さい》は、神様《かみさま》への感謝《かんしゃ》の気持《きも》ちを込《こ》めて、「**香油銭**《シャンヨウチエン》」と呼《よ》ばれるお賽銭《さいせん》を納《おさ》めています。この「**香油銭**《シャンヨウチエン》」、もともとは参拝者《さんぱいしゃ》が線香《せんこう》（＝「**香**《シャン》」）やロウソク（＝「**油**《ヨウ》」）などを奉納《ほうのう》していたのが、時代《じだい》の変遷《へんせん》とともに次第《しだい》にお金《かね》に置《お》き換《か》わり、こう呼《よ》ばれるようになったのだそうです。ちなみにお賽銭箱《さいせんばこ》は「**香油箱**《シャンヨウシャン》」といいます。

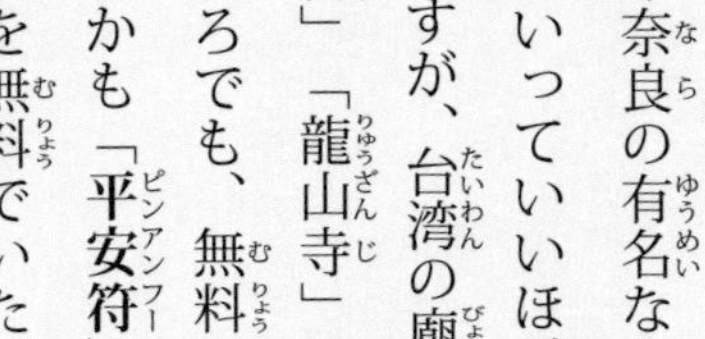

台湾のお賽銭箱／台灣的香油箱

線香《せんこう》は日本《にほん》で一般的《いっぱんてき》なものよりかなり長《なが》く、一尺六寸《いっしゃくろくすん》（約《やく》４８ｃｍ）や一尺三寸《いっしゃくさんすん》（約《やく》３９ｃｍ）のものがいいとされています。また、芯《しん》があるので、最後《さいご》まで燃《も》え尽《つ》きることがありません。参拝《さんぱい》する際《さい》は、線香《せんこう》を上《あ》げる順序《じゅんじょ》が廟《びょう》やお寺《てら》によって決《き》まっているので、それに従《したが》います。例《たと》えば、「龍山寺《りゅうざんじ》」には７つの香炉《こうろ》があるので、７本《ほん》の線香《せんこう》を１本《ぽん》ずつあげます。

それから台湾《たいわん》の宗教《しゅうきょう》を語《かた》る上《うえ》

↑参拝料が必要な清水寺／需要門票的京都清水寺
←金閣寺も同様／京都金閣寺也一樣

で欠《か》かせないのが「**筊杯**《ポアポエ》」です。ふたつの木製《もくせい》またはプラスチック製《せい》の半月型《はんつきがた》をした朱色《しゅいろ》の杯《はい》で、神《かみ》様《さま》にお伺《うかが》いを立《た》てる際《さい》にこの杯《はい》を振《ふ》ります。例《たと》えば今告白《いまこくはく》すべきかどうか知《し》りたいときは、「**筊**《ポア》**杯**《ポエ》」を振《ふ》ってお伺《うかが》いを立《た》てます。また、「**詩籤**《シーチエン》」を引《ひ》く際《さい》も「**筊**《ポア》**杯**《ポエ》」を振《ふ》って、このおみくじでいいかどうかお伺《うかが》いを立《た》てなければなりません。この「**筊杯**《ポアポエ》」、なんとｉＰｈｏｎｅのアプリまであります。

台湾《たいわん》では、仏教《ぶっきょう》と道教《どうきょう》が習合《しゅうごう》しているので、仏教《ぶっきょう》と道教《どうきょう》の神様《かみさま》が同《おな》じ所《ところ》に祀《まつ》られていることがよくあります。熱心《ねっしん》な信者《しんじゃ》も多《おお》く、有《ゆう》名《めい》な廟《びょう》やお寺《てら》には多《おお》くの人《ひと》が「**拜**《バイ》**拜**《バイ》」（参拝《さんぱい》）に訪《おとず》れています。ま

1｜2

縁起のいい赤が多い金桶／
金桶以吉利的紅色居多

ゴミ箱と化した金桶…／
變成垃圾桶的金桶……

た、店《みせ》の軒先《のきさき》などにテーブルを出《だ》して、お菓子《かし》や鳥肉《とりにく》などを並《なら》べ、線香《せんこう》をあげている光景《こうけい》を見《み》かけることがありますが、これは商売《しょうばい》の神様《かみさま》へのお供《そな》え物《もの》で、旧暦《きゅうれき》の２日《ふつか》と16日《にち》に当《あ》たる日《ひ》にお店《みせ》や会社《かいしゃ》の入口《いりぐち》の前《まえ》で「**拝拝**《バイバイ》」を行《おこな》うのが普《ふ》通《つう》です。そして旧暦《れき》の１日《ついたち》と15日《にち》に当《あ》たる日《ひ》には自宅《じたく》の庭《にわ》や軒先《のきさき》などでご先祖様《せんぞさま》のための「**拝拝**《バイバイ》」を行《おこな》います。

「**拝拝**《バイバイ》」の際《さい》には、「**紙銭**《ヂーチエン》」というお金《かね》に見立《みた》てた紙《かみ》を「**金桶**《ジントン》」と呼《よ》ばれるものに入《い》れて燃《も》やします。ところがこの「**金桶**《ジントン》」、台湾《たいわん》の習慣《しゅうかん》を知《し》らない外国人《がいこくじん》には、どう見《み》ても「**ゴミ箱**《ばこ》」にしか見《み》えないのです。桃太郎《ももたろう》はゴミ箱《ばこ》だと勘《かん》違《ちが》いして「**金桶**《ジントン》」にゴミを捨《す》て、大目玉《おおめだま》を食《く》らったことがあります。神様《かみさま》やご先祖様《せんぞさま》にささげる大《たい》切《せつ》なものをゴミで汚《よご》してはいけませんね……。

桃太郎《ももたろう》の一言《ひとこと》アドバイス？

廟《びょう》やお寺《てら》に参拝《さんぱい》する際《さい》は、周《まわ》りの人《ひと》のマネをしていれば、まず間違《まちが》いはないでしょう。

05/

那麼有名的寺廟竟然可以免費參觀?!

到京都或奈良等地著名的寺廟，似乎都要付叫做「參拜料」的費用，但是在台灣如「行天宮」、「龍山寺」等著名寺廟都可以免費參拜，而且拿稱為「平安符」的「御守」、抽「詩籤」都是不用錢的。

雖然如此，但是為了感謝神明，大部分的台灣人拿「平安符」、抽「詩籤」時會添「香油錢」。那麼，為什麼叫「香油錢」呢？據說早期參拜者到了寺廟會捐贈「香」、「蠟燭（油）」，後來逐漸以現金取代，因此叫「香油錢」。順便一提，投香油錢的箱子叫「香油箱」。

台灣的香比日本的長許多，一般認為最好的長度是一尺六寸（約48公分）或一尺三寸（約39公分）。還有日本的香沒有香枝，但是台灣的則有，所以不像日本那樣會整支香燒完，而會留下香枝部分。參拜時，按各寺廟規定的順序上香：例如在「龍山寺」有7個香爐，所以要先拿7支香，到每個香爐前上1支香。

談到台灣的宗教時非談不可的就是「筊杯」，是木製或塑膠製的兩個紅色半月型的工具，尋求神明指示時所使用：例如想知道現在該不該告白時「擲筊」問神明，或者抽「詩籤」時先「擲筊」問自己抽到的號碼是否正確。這個「筊杯」連iPhone的App都有。

在台灣佛道合一，常看到佛教的菩薩跟道教的神明供奉在同一間寺廟裡。虔誠的信徒也不少，著名寺廟香火鼎盛。另外，有時候會看到店家門口的桌子上擺滿餅乾、雞肉等食物，然後有人上著香，這是拜生意興隆神明的供品，農曆2日及16日在店家或公司門口進行「拜拜」儀式，是很常見的。還有在農曆1日及15日在自家院子或門口等地方「拜拜」，拜的則是祖先。

「拜拜」時，還會用到叫「紙錢」的祭祀品，要把它放入「金桶」的東西裡燒。不過這個叫「金桶」的東西，對不了解台灣風俗習慣的外國人來說，怎麼看都像「垃圾桶」。桃太郎曾經把「金桶」當做「垃圾桶」，把垃圾丟了進去，結果被罵得很慘。本來應該是用來對神明或祖先表示敬意的東西，卻慘遭垃圾攻擊，實在不應該……。

桃太郎的小小建議？

如果到寺廟拜拜，旁邊的人做什麼跟著做，應該就安啦。

06/

白《しろ》バイに乗《の》って受験会場《じゅけんかいじょう》へ？！

一般市民《いっぱんしみん》がパトカーに乗《の》る機会《きかい》は、悪《わる》いことでもしない限《かぎ》りそう滅多《めった》にありませんが、台湾《たいわん》だとその一般市民《いっぱんしみん》が白《しろ》バイに乗《の》れるチャンスがあります。しかも事件《じけん》でもないのにサイレンを鳴《な》らして飛《と》ばしてくれます。いったい白《しろ》バイに乗《の》れる方法《ほうほう》とは。

実《じつ》は台湾《たいわん》では高校《こうこう》や大学《だいがく》の入試《にゅうし》の際《さい》に白《しろ》バイが出動《しゅつどう》して、受験票《じゅけんひょう》を忘《わす》れてしまったおっちょこちょいな受験生《じゅけんせい》や試験会場《しけんかいじょう》を間違《まちが》えてしまったうっかりさんを手厚《てあつ》くサポートするのです。だから試験当《しけんとう》日《じつ》に受験票《じゅけんひょう》を忘《わす》れれば、白《しろ》バイに乗《の》れる可能性《かのうせい》があります。とても簡単《かんたん》でしょ……なんて言《い》ったら、人生《じんせい》の一大事《いちだいじ》に不謹慎《ふきんしん》ですね。

この現象《げんしょう》が意味《いみ》するところは、台湾《たいわん》が日本以上《にほんいじょう》に「学歴社会《がくれきしゃかい》」であるということです。とにかくいい高校《こうこう》に入《はい》り、いい大学《だいがく》に入《はい》ろうと必死《ひっし》になる親子《おやこ》が多《おお》く、大卒《だいそつ》は当《あ》たり前《まえ》。大学院《だいがくいん》に進《すす》む人《ひと》も少《すく》なくありません。公職選挙《こうしょくせんきょ》に立候補《りっこうほ》する際《さい》もこの学歴《がくれき》が有利《ゆうり》に働《はたら》くようで、現在《げんざい》の立法委員《りっぽういいん》（国会議《こっかいぎ》員《いん》）の実《じつ》に7割近《わりちか》くが大学院以上《だいがくいんいじょう》の学歴《がくれき》です。

台湾《たいわん》では終身雇用制《しゅうしんこようせい》は一般的《いっぱんてき》ではないため、頻繁《ひんぱん》に転職《てんしょく》を繰《く》り返《かえ》す人《ひと》も多《おお》いですが、その際《さい》にものを言《い》うのもやはり学歴《がくれき》です。日本《にほん》では敬遠《けいえん》されがちな転職常習者《てんしょくじょうしゅうしゃ》でも、高学歴《こうがくれき》でさえあれば、それがステップアップになり、転職《てんしょく》する

1 | 2
3

台湾の選挙は旗が多い／
台灣的選舉旗子很多

桃太郎も乗りたい白バイ／
桃太郎想坐坐看的重型機車

選挙の看板に博士の文字／
選舉看板上有寫著博士

度《たび》に給料《きゅうりょう》が上《あ》がるという人《ひと》も珍《めずら》しくありません。ですから会社側《かいしゃがわ》も高学歴《こうがくれき》の人材《じんざい》を確保《かくほ》したり、引《ひ》き留《と》めたりするために、福利厚生《ふくりこうせい》などを充実《じゅうじつ》させるのですが、人材育成《じんざいいくせい》にはあまり力《ちから》を入《い》れてないところが多《おお》いようです。下手《へた》に人材《じんざい》を育成《いくせい》しても、転職《てんしょく》されてライバル会社《がいしゃ》の戦力《せんりょく》になりかねないからなのかもしれません。

この「学歴社会《がくれきしゃかい》」に打《う》ち勝《か》つためには、学力《がくりょく》を付《つ》けなければなりませんが、そのための「補習班《ほしゅうはん》」と呼《よ》ばれる学習塾《がくしゅうじゅく》や予備校《よびこう》も多数《たすう》あります。人気《にんき》の補習班《ほしゅうはん》には申込《もうしこみ》が殺到《さっとう》するため、受講申込日《じゅこうもうしこみび》の数《すう》日前《じつまえ》から順番待《じゅんばんま》ちをする徹夜組《てつやぐみ》の列《れつ》が数《すう》100メートルにおよぶところもあります。しかも並《なら》ぶのは主《おも》にご両親《りょうしん》。申《もう》し込《こ》みの際《さい》にだいたい座席《ざせき》も決《き》めるので、できるだけ前《まえ》の席《せき》で我《わ》が子《こ》が受講《じゅこう》できるように並《なら》ぶのです。

高学歴《こうがくれき》の人《ひと》が話題《わだい》になると、「高学歴《こうがくれき》」の某《なにがし》とマスコミが騒《さわ》ぎ、高学歴《こうがくれき》の人《ひと》が罪《つみ》を犯《おか》すと、減刑《げんけい》すべきだという声《こえ》が一部《いちぶ》から上《あ》がることすらあります。こんな「高学《こうがく》歴社会《れきしゃかい》」では、修士号《しゅうしごう》や博士号《はかせごう》がないと発言力《はつげんりょく》も弱《よわ》くなりがちです。桃太郎《ももたろう》も大学院《だいがくいん》に行《い》った方《ほう》がいいのでしょうか。もしそんな日《ひ》が来《き》たら、試験当日《しけんとうじつ》にわざと受験《じゅけん》票《ひょう》を忘《わす》れて、ちゃっかり白《しろ》バイに乗《の》りたいと思《おも》います……。

桃太郎《ももたろう》の一言《ひとこと》アドバイス？

自分《じぶん》の高学歴《こうがくれき》をひけらかす人《ひと》には要注意《ようちゅうい》。能力《のうりょく》が反比例《はんぴれい》している可能性《かのうせい》があります。

06/ 坐警察重型機車後座到考場?!

除非做了壞事，不然在日本通常一般民眾幾乎沒有機會坐警車，不過在台灣一般民眾卻有機會坐上警察重型機車後座。而且這明明不是發生刑事案件，卻能鳴警笛咻咻地衝過去。到底有什麼方法能夠讓一般民眾坐上警察重型機車後座呢？

其實在台灣高中及大學的入學考試時，為了忘記帶准考證或弄錯考場等糊塗考生，警察會隨時待命，在需要時派警察重型機車全力協助。所以考試當天忘了帶准考證的話，就有機會坐上警察重型機車後座！很簡單是吧？不過入學考試是人生的關鍵時刻，不應講這種風涼話的。

這表示台灣比日本更重視「學歷」，不少父母無論如何都想盡辦法讓自己子女念好的學校，大學畢業的學歷是基本的，去念研究所的人也不少。像公職人員選舉時，學歷高的候選人似乎比較佔優勢，現任立法委員中將近七成擁有碩士或博士學位。

在台灣比較沒有像日本那樣的終身雇用制，所以常換工作的人還不少，他們找工作時的最佳武器還是學歷。在日本大部分公司不太願意雇用常換工作的人，但是在台灣只要學歷高，即使常換工作也能贏得雇主的青睞，甚至有人越換工作薪資越高。所以公司為了留住高學歷的好人材，提供比較好的福利，卻好像不太願意培養人才，這可能是因為怕自己辛辛苦苦培養出來的人材拱手讓給競爭對手。

在「注重學歷」的社會，要贏過別人的關鍵就是學力，所以在台灣有不少「補習班」。有的知名補習班太受歡迎必須要搶位子，招生前幾天就要連夜排隊，甚至會有超過數百公尺的人龍，而且大多數是父母為了子女排隊。通常報名時要劃位，所以父母都希望讓自己子女盡可能能在前面一點的位子聽課而排隊。

高學歷的人成為話題，媒體會大幅報導「高學歷」的某某如何，如果高學歷的人犯法，甚至有少數人要求減刑。在「學歷」這麼被重視的台灣，有時候得有碩士或博士學歷，說話才大聲地起來。所以桃太郎是不是也去念研究所比較好呢？如果桃太郎有一天真的要去考研究所，桃太郎打算故意把准考證忘記，好好地享受坐警察重型機車後座的滋味……。

桃太郎的小小建議？

如果碰到炫耀自己學歷的人必須要留意，有可能其能力不如學歷。

07/

若《わか》く見《み》えちゃうお母《かあ》さん？！

実年齢《じつねんれい》より若《わか》く見《み》えてしまうことが多《おお》い台湾《たいわん》のお母《かあ》さん。その秘《ひ》密《みつ》は「**坐月子**《ヅオユエズー》」と呼《よ》ばれる産後《さんご》ケアにあります。これは出産《しゅっさん》で衰《おとろ》えた体力《たいりょく》を取《と》り戻《もど》し、体調《たいちょう》を整《ととの》えるため、通常産後《つうじょうさんご》1カ月《げつ》にわたって行《おこな》われるもので、台湾《たいわん》の伝統的《でんとうてき》な習慣《しゅうかん》のひとつです。冷《つめ》たいものやしょっぱいものなどは避《さ》け、豚《ぶた》レバーや「**麻油雞**《マーヨウジー》」（ゴマ油《あぶら》の鶏肉《とりにく》スープ）といった高《こう》タンパク質《しつ》、高《こう》カロリーのものを食《た》べて栄養《えいよう》を補《ほ》給《きゅう》し、体《からだ》を十分《じゅうぶん》休《やす》めます。また、古《ふる》いしきたりでは、お風呂《ふろ》はタブーとされていましたが、衛生環《えいせいかん》境《きょう》がよくなかった昔《むかし》と違《ちが》って今《いま》は水道水《すいどうすい》が普及《ふきゅう》しているので、気《き》にせずにお風呂《ふろ》に入《はい》るという人《ひと》もいるようです。

昔《むかし》は家庭《かてい》でこの「**坐月子**《ヅオユエズー》」を行《おこな》っていましたが、最近《さいきん》は料理《りょうり》などの手間《てま》がかからず、赤《あか》ちゃんの面倒《めんどう》も見《み》てもらえる「**坐月**《ヅオユエ》**子中心**《ズーヂョンシン》」と呼《よ》ばれる産後《さんご》ケアセンターを利用《りよう》する人《ひと》が増《ふ》えてきています。ただ、その利用料金《りようりょうきん》は安《やす》く

台湾の結婚披露宴／台灣的婚宴

台湾の選び取り／台灣的抓周

なく、月収《げっしゅう》の数《すう》カ月分《げつぶん》というのもざらです。それでも利用《りよう》する人《ひと》が多《おお》いのは、台湾《たいわん》は共働《ともばたら》きが多《おお》く、出産《しゅっさん》ぎりぎりまで働《はたら》いて、「**坐月《ツオユエ》子《ズー》**」が終《お》わったら、すぐに職場《しょくば》に戻《もど》るケースが少《すく》ないからです。ちなみに日本《にほん》にも「産後《さんご》ケアセンター」と呼《よ》ばれる施設《しせつ》がありますが、台湾《たいわん》と比《くら》べると数《かず》が圧倒《あっとう》的《てき》に少《すく》なく、サービス内容《ないよう》も異《こと》なるようです。

伝統《でんとう》を重《おも》んじる台湾《たいわん》では、子《こ》どもが生《う》まれるとさまざまな儀式《ぎしき》を行《おこな》います。日本《にほん》では珍《めずら》しくなってきた「選《えら》び取《と》り」に当《あ》たる「**抓《ヂュア》周《チョウ》**」もそのひとつ。満《まん》1歳《さい》の赤《あか》ちゃんが行《おこな》う儀式《ぎしき》で、テーブルの上《うえ》にそろばん、本《ほん》、印鑑《いんかん》などを並《なら》べ、赤《あか》ちゃんがどれを取《と》ったかでその

1｜2｜3
4階のボタンがないエレベーター／沒有4樓按鈕的電梯
台湾の赤いご祝儀袋／台灣的紅色紅包袋
日本の白いご祝儀袋／日本的白色紅包袋

将来《しょうらい》を占《うらな》います。

それから台湾《たいわん》の披露宴《ひろうえん》も日本《にほん》とはかなり異《こと》なります。まずは「赤《あか》い爆弾《ばくだん》」と呼《よ》ばれる赤《あか》い招待状《しょうたいじょう》が送《おく》られてきますが、日本《にほん》のように出欠《しゅっけつ》の返信《へんしん》は必要《ひつよう》ありません。ご祝儀《しゅうぎ》は「**紅包袋**《ホンバオダイ》」と呼《よ》ばれる赤《あか》い袋《ふくろ》に入《い》れて渡《わた》します。台湾《たいわん》では赤《あか》は縁起《えんぎ》が良《よ》く、白《しろ》は縁起《えんぎ》が悪《わる》いとされるため、日本《にほん》の白《しろ》いご祝儀袋《しゅうぎぶくろ》や白《しろ》のネクタイはタブー。また、金額《きんがく》も奇数《きすう》ではなく偶数《ぐうすう》にするのがマナーです。ただし中国語《ちゅうごくご》の「四《よん》」は「死《し》」と発音《はつおん》が近《ちか》いため、避《さ》けなければなりません。面白《おもしろ》いことに多《おお》くの台湾《たいわん》の病院《びょういん》は「四《よん》階《かい》」がなく、三階《さんかい》の次《つぎ》が五階《ごかい》になっています。

桃太郎《ももたろう》は台湾《たいわん》で披露宴《ひろうえん》を行《おこな》いましたが、開始時刻《かいしじこく》になってもまだ来《き》ていない人《ひと》が大勢《おおぜい》いたり、Tシャツやジーンズで出席《しゅっせき》している人《ひと》がいたりして、母親《ははおや》がカルチャーショックを受《う》けていました。これ、台湾《たいわん》じゃ意外《いがい》と普通《ふつう》です。

桃太郎《ももたろう》の一言《ひとこと》アドバイス？

結婚式《けっこんしき》や子育《こそだ》ても日本《にほん》とは違《ちが》うということを認識《にんしき》しましょう。

07/

媽媽看起來比較年輕?!

不少台灣媽媽看起來比實際年齡年輕許多，其關鍵在於「坐月子」。由於生產後的婦女身體比較虛弱，需要養生調理，所以通常產後一個月要做月子，這是台灣傳統的風俗習慣之一。在這段期間，要避免吃冰涼或鹹的東西等，然後要多吃豬肝、「麻油雞」等高熱量、高蛋白質的食物來補充營養並多休息。另外，依照古老的傳統，坐月子時不能洗澡，不過現在衛生環境已改善，自來水也普及了，所以也有些人並不在乎老規矩，還是洗自己的澡。

過去的婦女在家裡「坐月子」，現在的婦女則越來越多人利用「坐月子中心」，因為不需要自己煮坐月子餐，也不用照顧嬰兒。不過其費用並不便宜，常常是月薪的好幾倍。即使如此，利用坐月子中心的人還是不少，這是因為台灣雙薪家庭多，工作到臨盆前，坐完月子後馬上復職的例子不少的緣故。順便一提，在日本也有叫「產後養生中心」、類似坐月子中心的地方，不過數量根本比不上台灣，而且服務內容好像也跟台灣有所不同。

在重視傳統的台灣，孩子出生後有不少儀式要舉行，如孩子滿一歲時的「抓周」，也就是在桌子上擺著算盤、書籍、印鑑等東西，看孩子選了什麼東西來推測長大後可能從事的工作。其實在日本也有類似的儀式，但是現在很少人做了。

另外，台灣的結婚喜宴也跟日本有所不同。收到「紅色炸彈」的話，在日本必須要回覆是否參加，但是台灣就不需要。紅包也要用紅色的「紅包袋」，不能用像日本那樣的白色袋子，在日本參加婚禮時繫的白色領帶也不行，因為在台灣紅色是吉利的，白色則是不吉利的。而且包多少也不同，在日本包單數，但是台灣卻包雙數。不過「四」要避開，因為是「死」的諧音。有趣的是在台灣的醫院通常沒有「四樓」，三樓的上一層樓就是五樓。

桃太郎是在台灣辦喜宴的，桃媽受到很大的文化衝擊，因為時間到了也沒有多少人入座，且有人穿T恤或牛仔褲參加，不過這在台灣可是沒什麼好奇怪的事。

桃太郎的小小建議？

應該要知道一下台灣跟日本的結婚儀式、照顧小孩的方式有些不同。

08/

シャリがなくてもお寿司《すし》？！

台湾《たいわん》の街《まち》を歩《ある》いていると、寿《す》司《し》、日本料理《にほんりょうり》、ラーメン、定食《ていしょく》、しゃぶしゃぶなどの看板《かんばん》をよく目《め》にしますが、すし屋《や》に入《はい》って手巻《てま》き寿司《ずし》を注文《ちゅうもん》したら、シャリがまったく入《はい》ってなかったなんてことはよくあること。シャリの代《か》わりにキャベツがたっぷり入《はい》っていたりして、体《からだ》にはよさそうです。

台湾人《たいわんじん》に人気《にんき》の店《みせ》でも、日本人《にほんじん》が行《い》くと「残念《ざんねん》な店《みせ》」とレッテルを貼《は》られてしまうことがありますが、ちょっと待《ま》っていただきたい。日本人《にほんじん》を相手《あいて》にしている店《みせ》ならいざしらず、多《おお》くの店《みせ》が台湾人《たいわんじん》を相手《あいて》にお店《みせ》をやっているので、台湾風《たいわんふう》にアレンジされるのは至《し》極《ごく》自然《しぜん》なことです。例《たと》えば多《おお》くの台湾人《たいわんじん》にとって、日本《にほん》のラーメンは「しょっぱすぎ」。それでしょっぱさを控《ひか》えめにすると、日《に》本《ほん》の本場《ほんば》のラーメンとは味《あじ》が微妙《びみょう》に違《ちが》ってくるのです。「日本風《にほんふう》」を謳《うた》う「日式《リーシー》」なんだからと視点《してん》を変《か》えてみたり、日本《にほん》の食《た》べ物《もの》ではなく「台湾料理《たいわんりょうり》」なんだと考《かんが》え

日本風の定食／日式定食

1 | 2 | 3 エビ巻／蝦捲
揚げ豆腐／炸豆腐
日本風のラーメン／日式拉麵

方《かた》を改《あらた》めてみると、意外《いがい》とおいしく感《かん》じられるかもしれません。

台湾《たいわん》はとにかく食《た》べ物《もの》が豊富《ほうふ》。「**小吃**《シャオチー》」と呼《よ》ばれる屋台《やたい》や夜市《よいち》で手軽《てがる》に食《た》べられる庶民料理《しょみんりょうり》や台湾《たいわん》料理《りょうり》だけでなく、北京料理《ぺきんりょうり》、上海《しゃんはい》料理《りょうり》、四川料理《しせんりょうり》、広東料理《かんとんりょうり》などの中華料理《ちゅうかりょうり》も本場《ほんば》の味《あじ》が楽《たの》しめます。これは台湾《たいわん》の歴史《れきし》と大《おお》きな関《かか》わりがあり、戦後《せんご》、中国《ちゅうごく》から台湾《たいわん》に渡《わた》ってきた蒋介石《しょうかいせき》らが、中国各《ちゅうごくかく》地《ち》から一流《いちりゅう》の料理人《りょうりにん》を連《つ》れてきたからだとも言《い》われています。また、特《とく》に台北《たいぺい》では、フランス料理《りょうり》、イタリア料理《りょうり》をはじめ、モロッコ料《りょう》理《り》、スイス料理《りょうり》など、世界各地《せかいかくち》の料理《りょうり》も味《あじ》わえます。

共働《ともばたら》きの家庭《かてい》が少《すく》なくなく、自《じ》炊《すい》するよりも安《やす》くつくことが多《おお》いことから、外食《がいしょく》がメインという人《ひと》も少《すく》なくありません。朝食《ちょうしょく》は自宅《じたく》で取《と》らず、出勤途中《しゅっきんとちゅう》ですませたり、会社《かいしゃ》に着《つ》いてから食《た》べるという人《ひと》が多《おお》いので、「**早餐店**《ザオツァンデェン》」と呼《よ》ばれる朝食専門《ちょうしょくせんもん》の店《みせ》もよく見《み》かけます。中華《ちゅうか》ならまんじゅうや豆乳《とうにゅう》、洋風《ようふう》ならサンドイッチやハンバーガーと種類《しゅるい》も豊富《ほうふ》です。

また、大阪《おおさか》のたこ焼《や》きプレートのように台湾《たいわん》で一家《いっか》に1台《だい》ありそうなのが、「**大同電鍋**《ダートンデエングオ》」です。日本《にほん》で昭和《しょうわ》30年代《ねんだい》に「自動式電気《じどうしきでんき》釜《がま》」と呼《よ》ばれていた東芝《とうしば》の電気炊《でんきすい》飯器《はんき》と同《おな》じタイプのもので、ご飯《はん》を炊《た》くだけでなく、お弁当《べんとう》をあたためたりするなど、電子《でんし》レンジ代《が》わりに使《つか》われていることの方《ほう》が多《おお》いようです。会社《かいしゃ》の給湯室《きゅうとうしつ》に置《お》いてあることもよくあり、海外留学《かいがいりゅうがく》や海外勤務《かいがいきんむ》の際《さい》に持《も》って行《い》く人《ひと》も少《すく》なくありません。
桃太郎宅《ももたろうたく》にももちろん「大同電《ダートンデエン》鍋《グオ》」があり、コンビニの弁当《べんとう》や惣菜《そうざい》をあたためるのにも利用《りよう》できてとても便利《べんり》です。ただし、水《みず》を入《い》れたらスイッチを押《お》すのをお忘《わす》れなく。でないといつまでたっても中《なか》のものは冷《つめ》たいままですよ。桃《もも》太郎《たろう》のようにスイッチを押《お》し忘《わす》れた経験《けいけん》のある人《ひと》、意外《いがい》と多《おお》いのでは？

1 東芝の自動式電気釜／東芝的自動式電氣釜
2 台湾で定番の大同電鍋／台灣經典的大同電鍋

桃太郎《ももたろう》の一言《ひとこと》アドバイス？

日本《にほん》と「違《ちが》う」ことは「非常識《ひじょうしき》」だとは限《かぎ》りません。お互《たが》いの文化《ぶんか》を尊重《そんちょう》しましょう。

08/ 沒有米飯也算壽司?!

在台灣的街道上常看到壽司、日本料理、拉麵、定食、涮涮鍋等招牌，一進壽司店點個手捲卻發現跟日本的完全不同，裡頭竟然沒有米飯，以一堆高麗菜來代替米飯，看起來蠻健康的。

即使是受台灣人歡迎的店，卻可能會被日本人貼上「地雷」的標籤，不過這樣……是應該的嗎？如果是以日本人為對象開的店，配合日本人的需求是理所當然的，但是大部分店家的主要客群是台灣人，當然要配合台灣人。舉個例子，對台灣人來說道地的日本拉麵「太鹹」，所以店家為了配合台灣人的口味減少鹹味後，味道卻變了調，跟道地的日本味有了出入。但若是換個角度，把歌頌「日本風味」的「日式」料理當做「台灣料理」吃，或許會覺得好吃呢！

台灣，總之就是食物種類豐富。不只有從夜市或路邊攤可以吃到的庶民料理「小吃」或者是台菜，還有北京菜、江浙菜、川菜、粵菜等中國各地的道地中國菜。在台灣會有這麼多種中國菜是跟台灣的歷史有關，據說因為台灣光復後，遷台的國民政府帶來中國各地的一流廚師，所以才會有這麼多道地中國菜。此外，在台北可以享受到法國菜、義大利菜、摩洛哥菜、瑞士菜等世界各國的美味料理。

因為雙薪家庭多，而且自己煮飯通常比在外面吃還貴，所以不少人都是外食族。像早餐就不在家裡吃，而是常常在上班的途中或在公司吃，所以把客群鎖定為這樣族群的「早餐店」也不少。饅頭、豆漿等中式，或三明治、漢堡等西式，應有盡有。

另外，據說在大阪每個家庭都有章魚燒器，台灣則大概家家戶戶都會有「大同電鍋」。昭和30年代（民國44年～53年）在日本銷售、東芝製造的電鍋「自動式電氣釜」，就是跟大同電鍋一樣的機型。大同電鍋通常不只是用來煮飯，還能加熱便當等，可用來代替微波爐使用，有的公司在茶水間也有擺著，甚至去留學、海外工作時都會有人帶去。

桃太郎家當然也有「大同電鍋」，用來加熱便利商店的便當、熱食時非常方便。不過放了水千萬別忘了按開關，不然30分鐘、1小時後打開鍋蓋會發現東西還是冷的哦。相信和桃太郎一樣忘記按開關的人應該不少吧……。

桃太郎的小小建議？

跟日本「不同」並不等於「沒常識」，應該要互相尊重對方的文化。

09/

酔《よ》っ払《ぱら》いがほとんどいない？！

たまにブログなどで「台湾《たいわん》には酔《よ》っ払《ぱら》いがいない」と書《か》かれていることがありますが、それは日本《にほん》のように駅周辺《えきしゅうへん》でほとんど見《み》かけないから、観光客《かんこうきゃく》の目《め》にとまりにくいだけであって、酔《よ》っぱらいもちょくちょく出没《しゅつぼつ》しますし、呑兵《のんべ》衛《え》もちゃんといます。

ただ、日本《にほん》のような「飲《の》みニケーション」文化《ぶんか》があまり浸透《しんとう》していないため、台湾人《たいわんじん》と会食《かいしょく》する際《さい》はお酒《さけ》は飲《の》まないということはよくありますし、お店《みせ》もアルコール類《るい》を提供《ていきょう》していないところの方《ほう》が圧倒的《あっとうてき》に多《おお》いので、日《に》本人《ほんじん》との会食《かいしょく》でうっかりそういう店《みせ》を選《えら》んでしまうと、ひんしゅくを買《か》ってしまいます。

とはいっても台湾《たいわん》にもお酒《さけ》好《ず》きの人《ひと》はやはりいて、最近《さいきん》はお酒《さけ》の専門店《せんもんてん》や居酒屋《いざかや》のほか、ワイン、日本酒《にほんしゅ》などを取《と》り扱《あつか》う小売店《こうりてん》も増《ふ》えてきていますが、「付《つ》き合《あ》いで飲《の》む」という考《かんが》え方《かた》があまりないので、仕事《しごと》での接待《せったい》は別《べつ》として、プライベートで無理《むり》に合《あ》わせて飲《の》むという人《ひと》は少《すく》ないように思《おも》います。

そこでそうしたあまりお酒《さけ》を飲《の》まない人《ひと》たちでもジュースのような感覚《かんかく》で飲《の》めるようにと、フルーツフレーバー入《い》りのビールが発売《はつばい》されたりしています。また、ビールの売上《うりあ》げを伸《の》ばそうと、「**啤酒《ビージョウ》妹《メイ》**」と呼《よ》ばれる若《わか》い女性《じょせい》が、焼《や》き鳥屋《とりや》や「**熱炒店《ラーチャオデエン》**」と呼《よ》ばれる炒《いた》め物《もの》がメインの飲食店《いんしょくてん》でお客《きゃく》にビールを勧《すす》めたりしています。

それから台湾《たいわん》では基本的《きほんてき》に女性《じょせい》はお酌《しゃく》はしません。日本人《にほんじん》がいっしょにいる場合《ばあい》、日本《にほん》のそういう文化《ぶんか》を知《し》っていて気《き》を利《き》かせてお酌《しゃく》してくれる人《ひと》もいますが、無理《むり》にお酌《しゃく》をさせると嫌《いや》がられることがあります。実《じつ》は日本人女性《にほんじんじょせい》の間《あいだ》でもこれには不満《ふまん》を持《も》っている人《ひと》がいるようです。だから気軽《きがる》に飲《の》める女子会《じょしかい》がいいのだとよく聞《き》きます。また、スケベ心《ごころ》を出《だ》してちょっと女性《じょせい》の体《からだ》に触《ふ》れたりするのはタブー。もちろん日《に》本《ほん》でもセクハラになりますが、台《たい》湾《わん》では日本《にほん》のように我慢《がまん》してくれる女性《じょせい》はそう多《おお》くはありません。

台湾《たいわん》の酒文化《さけぶんか》を語《かた》る上《うえ》で外《はず》せないのが、原住民《げんじゅうみん》と結婚式《けっこんしき》でしょう。原住民《げんじゅうみん》の集落《しゅうらく》では、祭《まつり》や冠婚葬祭《かんこんそうさい》

今風の結婚披露宴／
現代風格的台灣婚宴

新郎新婦があいさつ／
新郎新娘在敬酒

の際《さい》にお酒《さけ》を飲《の》みますが、これはただ単《たん》に飲《の》んで楽《たの》しむというわけではなく、場合《ばあい》によっては神《かみ》に捧《ささ》げたり、ご先祖様《せんぞさま》に手向《たむ》けたりと宗教的《しゅうきょうてき》な意味合《いみあ》いが濃《こ》いです。また、結婚式《けっこんしき》では新郎新婦《しんろうしんぷ》が各《かく》テーブルを回《まわ》り、あいさつも兼《か》ねてお酒《さけ》を飲《の》みます。普通《ふつう》は杯《さかずき》で飲《の》むのですが、新郎《しんろう》の悪友《あくゆう》らが新婦《しんぷ》の靴《くつ》を脱《ぬ》がせ、そこにお酒《さけ》を入《い》れて飲《の》ませることもあります。実《じつ》はこのお酒《さけ》、烏龍茶《ウーロンちゃ》などにすり替《か》えられていることもあり、桃太郎《ももたろう》は結婚式《けっこんしき》で友人《ゆうじん》にそれを見破《みやぶ》られ、かなり飲《の》まされた記憶《きおく》があります。酒《さけ》文化《ぶんか》も日本《にほん》とは随分《ずいぶん》と違《ちが》うものです。

桃太郎《ももたろう》の一言《ひとこと》アドバイス？

日本人《にほんじん》は酒癖《さけぐせ》が悪《わる》いとレッテルを貼《は》られないように、節度《せつど》のある飲《の》み方《かた》を。

09/

幾乎看不到醉漢?!

有些日本人在部落格上Po文說：「在台灣看不到醉漢」，那是因為幾乎沒有看到像在日本車站附近常見到的醉漢，所以觀光客比較沒有注意到而已，在台灣醉漢、酒鬼偶爾還是會出沒，可是確確實實存在的。

不過在台灣像日本那樣的「飲酒博感情」文化並不是很普遍，所以跟台灣人吃飯桌上連半瓶酒都沒有是常有的事，而且不提供酒類的店家佔多數。如果跟日本人吃飯時選到了這種沒有酒的店就太大意了，那些日本人的臉上大概會出現三條線。

雖然如此，在台灣也有酒品的愛好者，這幾年來酒品專賣店或居酒屋變多，越來越多零售店開始銷售紅酒、日本酒等。不過在台灣比較沒有「陪別人喝」的想法，所以除非工作應酬不得已，感覺通常不太會有勉強自己跟著別人喝酒的人。

而為了讓這些不太愛喝酒的族群也能夠像喝果汁般品嚐酒類飲品，有廠商推出了水果口味的啤酒。還有為了衝業績，有的廠商派「啤酒妹」進駐串燒店或熱炒店推銷自家啤酒。

另外，在台灣通常女生不會為同桌的人倒酒。如果和日本人在一起時，了解日本喝酒文化的部分女生會特地倒酒，但是如果在台灣勉強別人倒酒，恐怕不會受到歡迎。其實好像日本女生也有不太喜歡給別人倒酒的人，所以不少人表示，不需要在意男生、可以輕鬆喝的「女子會（即女性聚會）」比較好。還有千萬不要色瞇瞇地觸碰女生身體，這樣做在日本當然是性騷擾，但是不少日本女生比較會忍耐，台灣女生可沒有那麼容易欺負。

談到台灣的喝酒文化，一定要提的是原住民跟結婚喜宴。在原住民部落，有節慶、喜事、喪事時會喝酒，但是這不一定是享樂，有時候是獻給神明或祖先等，宗教意味濃厚。另外，結婚喜宴時有新郎新娘會到每桌敬酒的習慣。通常是用杯子喝酒，但是有些新郎的死黨會拿起新娘的鞋子把酒倒在鞋子裡叫新郎喝。其實這個敬酒用的酒，有時候會換成烏龍茶，桃太郎辦喜宴時被朋友發現是以茶代酒，記得被罰了不少酒。台灣跟日本，喝酒文化真是大不相同。

桃太郎的小小建議？

為了避免被貼上日本人酒品不好的標籤，喝酒要適當適量。

10/

とんかつウンチはいかが？！

台湾《たいわん》の街角《まちかど》には日本語《にほんご》の看板《かんばん》が氾濫《はんらん》していますが、マッサージが「マシサーヅ」になっていたり、店《みせ》に入《はい》るとメニューに「とんかつウンチ」と日本語《にほんご》で書《か》かれていたり……。また、パッケージに日本《にほん》語《ご》が書《か》かれている商品《しょうひん》もよく見《み》かけますが、なんだか摩訶不思議《まかふしぎ》な日本語《にほんご》だったりします。

台湾《たいわん》では、日本《にほん》のものが人気《にんき》があります。間違《まちが》っていてもひらがなやカタカナが混《ま》じっていれば、品質《ひんしつ》やサービスがよさそうに見《み》えるし、日本《にほん》で横文字《よこもじ》を使《つか》うように台湾《たいわん》で「日本語《にほんご》」を使《つか》うとちょっとオシャレに感《かん》じられます。しかも日本語《にほんご》の「の」はすっかり定着《ていちゃく》してしまい、中国語《ちゅうごくご》でほぼ同《おな》じ意《い》味《み》の「**的**《ダ》」と置《お》き換《か》えられて使《つか》われています。

日本《にほん》の企業《きぎょう》が台湾《たいわん》に進出《しんしゅつ》して新店舗《しんてんぽ》をオープンすると、行列《ぎょうれつ》ができるのももはや見慣《みな》れた光景《こうけい》です。ダイソー、ミスタードーナツ、ユニクロなどの1号店《ごうてん》がオープンしたときは、長蛇《ちょうだ》の列《れつ》ができました。ミスタードーナツに至《いた》っては、店舗《てんぽ》が数店舗《すうてんぽ》オープンしてもしばらくは30分待《ぷんま》ちは当《あ》たり前《まえ》で、代《か》わりに並《なら》んでドーナツを買《か》って届《とど》けるビジネスまで登場《とうじょう》しました。

「らーめん」のつもり？／
以為是「拉麵」的日文？

←ユニクロに長蛇の列／
UNIQLO 前大排長龍

↓当初ミスタードーナツは
30 分待ち／當初 Mister Donut
要等 30 分鐘

それから音楽《おんがく》、アニメ、マンガなどの日本《にほん》のサブカルチャーも人《にん》気《き》です。同人誌《どうじんし》の販売即売会《はんばいそくばいかい》やコスプレのイベントもよく行《おこな》われ、人気漫画家《にんきまんがか》や声優《せいゆう》が台湾《たいわん》を訪《おとず》れると大変《たいへん》な騒《さわ》ぎになります。また、アイドルやポップス歌手《かしゅ》だけでなく、演歌《えんか》歌手《かしゅ》もコンサートを開《ひら》いているほか、戦隊《せんたい》シリーズや仮面《かめん》ライダーのイベントも行《おこな》われています。

日本《にほん》を訪《おとず》れる台湾人《たいわんじん》の数《かず》も年々《ねんねん》増加《ぞうか》の傾向《けいこう》にあり、その数《かず》はここ数年《すうねん》、１００万人《まんにん》を優《ゆう》に超《こ》えています。サブカルチャーなども含《ふく》め、こうした日本《にほん》が大好《だいす》きな人《ひと》たちは「**哈日族**《ハーリーズー》」と呼《よ》ばれています。「**哈**《ハー》」は死《し》ぬほど欲《ほ》しいという意《い》味《み》の台湾語《たいわんご》から来《き》ていて、「大好《だいす》

ダイソーもオープン時は大混雑／大創開幕時也好多人

きだ」という意味《いみ》があります。

また、同《おな》じ日本《にほん》が絡《から》んだ「族《ぞく》」には台湾《たいわん》で「日本語族《にほんごぞく》」と呼《よ》ばれている人《ひと》たちもいます。「日本語《にほんご》世代《せだい》」と言《い》われることが多《おお》く、戦《せん》前《ぜん》、日本《にほん》が台湾《たいわん》を統治《とうち》していた時《じ》代《だい》に教育《きょういく》を受《う》けていた人《ひと》たちを指《さ》しています。しかし実際《じっさい》に日本語《にほんご》が流暢《りゅうちょう》なのは、当時旧制中学《とうじきゅうせいちゅうがく》などで高等教育《こうとうきょういく》を受《う》けた人《ひと》たちが多《おお》く、同《おな》じ世代《せだい》でも日本語《にほんご》がほとんど話《はな》せない人《ひと》も意外《いがい》といます。

「台湾《たいわん》は親日《しんにち》」という言葉《ことば》も一人歩《ひとりある》きしているような気《き》がしています。確《たし》かに日本人《にほんじん》に対《たい》して親《しん》切《せつ》な人《ひと》は多《おお》いのですが、桃太郎《ももたろう》が接《せっ》してきたお年寄《としよ》りの中《なか》には「親《しん》日《にち》」という言葉《ことば》を嫌《きら》い、日本《にほん》をよく知《し》っている「知日派《ちにちは》」、あるいは日本統治時代《にほんとうちじだい》を懐《なつ》かしむ「懐日《かいにち》派《は》」だと主張《しゅちょう》している人《にん》もいました。安易《あんい》に「日本語世代《にほんごせだい》」「親《しん》日《にち》」という言葉《ことば》を使《つか》っていいものか、今《いま》も悩《なや》んでいる桃太郎《ももたろう》です。

桃太郎《ももたろう》の一言《ひとこと》アドバイス？

日本《にほん》のものがあふれていても台湾《たいわん》は外国《がいこく》。日本《にほん》の常識《じょうしき》が通《つう》用《よう》しないこともよくあります。

10/ 要吃豬排定「屎」嗎?!

在台灣的街道上日文招牌氾濫，應該是按摩店，招牌上卻寫著「按『磨』店」，或者在餐廳的菜單上竟然寫著「豬排定『屎』」……。還有常看到包裝上有日文的商品，日文卻是超怪的。

在台灣，日本的東西蠻受歡迎的，即使不是正確的日文，看到平假名或片假名就感覺品質好、服務棒，像外來語讓日本人覺得很潮一樣，台灣人看到日文就覺得很時髦。而且日文平假名「の」已經成為中文的一部分，常代替「的」使用。

日本企業打進台灣市場新店開幕時，看到大排長龍已是司空見慣的事。大創、Mister Donut、UNIQLO 等品牌，第一家店剛開幕時也造成排隊風潮。尤其是Mister Donut，已經開了好幾家分店了，有一段期間還是至少要等30分鐘，還出現代客排隊的新興行業。

還有音樂、動漫等日本次文化也很受歡迎，常有同人誌販售會、Cosplay 等活動，人氣漫畫家或聲優（卡通配音員）來台就造成轟動。不只是偶像、流行音樂歌手，連演歌歌手都在台灣舉辦演唱會，也有戰隊系列及假面騎士的活動。

訪日的台灣人也有逐年增加的傾向，這幾年來每年有遠遠超過１００萬的人到日本。包括次文化，像這樣非常喜歡日本的人被稱為「哈日族」，「哈」是來自有想得要命之意的台語，有「非常喜歡」的意思。

在台灣還有哪些跟日本有關的「族」呢？在台灣有一群被稱為「日本語族」的人，又稱「日本語世代」，是指在日治（日據）時代受日本教育的人，不過會講流利「日本語」的人通常是在日治（日據）時代受過高等教育的人居多，並不是所有同年代的人都如此，不太會講「日本語」的人也比想像中得多。

還有「台灣很親日」這句話也覺得有些與現狀不符。不少台灣人確實對日本人很親切，不過桃太郎認識的阿公阿媽裡也有討厭自己被說是「親日派」的，有人強調自己是非常了解日本的「知日派」，也有人說自己是懷念日治（日據）時代的「懷日派」的人。所以桃太郎一直在煩惱自己是否不應該輕易使用「日本語世代」或「親日」等詞。

桃太郎的小小建議？

雖然在台灣到處都有日本的東西，但是台灣不是日本，日本的常識不一定也都是台灣的常識。

國家圖書館出版品預行編目資料

桃太郎哈台灣！就是要醬吃醬玩 / 吉岡桃太郎著
-- 初版 -- 臺北市：瑞蘭國際 ,2014.10
192 面；17 x 23 公分 --（FUN 生活系列；02）
ISBN：978-986-5953-90-4（平裝）
1. 臺灣文化 2. 人文地理 3. 臺灣遊記
733.4 103016501

FUN 生活系列 02
桃太郎哈台灣！就是要醬吃醬玩

作者・攝影／吉岡桃太郎
責任編輯／葉仲芸、王愿琦
校對／吉岡桃太郎、葉仲芸、王愿琦

封面、版型設計／劉麗雪
內文排版／ YUKI、陳如琪
印務／王彥萍

董事長／張暖彗
社長兼總編輯／王愿琦
主編／王彥萍
主編／葉仲芸
編輯／潘治婷
編輯／紀珊
設計部主任／余佳憓
業務部副理／楊米琪
業務部專員／林湲洵
業務部助理／張毓庭

出版社／瑞蘭國際有限公司
地址／台北市大安區安和路一段 104 號 7 樓之一
電話／ (02)2700-4625、傳真／ (02)2700-4622
訂購專線／ (02)2700-4625
劃撥帳號／ 19914152 瑞蘭國際有限公司
瑞蘭網路書城／ www.genki-japan.com.tw

總經銷／聯合發行股份有限公司
電話／ (02)2917-8022、2917-8042、傳真／ (02)2915-6275、2915-7212
印刷／宗祐印刷有限公司
出版日期／ 2014 年 10 月初版 1 刷、定價／ 320 元
ISBN ／ 978-986-5953-90-4